Die 6 Säulen der praktischen Philosophie

Leicht verständlich und spannend erklärt

Ab sofort mehr Handlungssicherheit und innere Zufriedenheit durch die Lehren der großen Philosophen (inkl. vieler Übungen)

INHALT

Einleitung

Der moderne Mensch sieht sich selbst gerne als die Krone der Schöpfung und als unbestreitbar überlegen. Kein Wunder, schließlich gibt es eine Vielzahl an Errungenschaften und Entwicklungen, die uns das Leben heute leicht machen. Gleichzeitig sind wir stolz auf technische Neuheiten, Erfolge im medizinischen Bereich oder fortschreitende Globalisierung. So großartig diese Fortschritte auch sind, die moderne Welt stellt uns ständig vor moralische Fragen und Konfliktsituationen. Wie handelt man „richtig"? Wie kann man die Folgen eigener Handlungen voraussehen und bewerten? Ist es möglich, in einer kapitalistischen Gesellschaft gerecht zu handeln und zu leben? Welche Werte und Normen sollte man auf sein eigenes Leben anwenden, um glücklich und mit sich selbst im Reinen zu sein?

Im Angesicht dieser großen Fragen etwas überfordert zu sein, ist nur verständlich. Wir sehnen uns nach Orientierung, auch abseits bereits geltender Gesetze. Noch bis vor wenigen Jahrzehnten übernahm die Religion in der westlichen Welt diese Orientierungsfunktion, sie gab ethische Regeln vor und bot Halt angesichts moralischer Probleme. Obwohl sie heute einen weitaus niedrigeren Stellenwert hat, sind die Fragen rund um das menschliche Leben und Handeln nicht leiser geworden. Im Gegenteil, immer mehr Menschen hinterfragen nicht nur ihren eigenen Alltag, sondern auch moralisch korrektes Verhalten z. B. in der Politik, in der Wirtschaft oder in der Forschung. Es ist heute leicht, mit den eigenen Wertevorstellungen und Normen immer wieder an Grenzen zu stoßen.

Wenn auch Sie rationale Wege suchen, um den Sinn Ihres Lebens zu verstehen oder bewusster und moralisch zu handeln, ist dieses Buch das Richtige für Sie. Mithilfe der praktischen Philosophie wird Ihnen verständlich aufgezeigt, wie philosophische Gedanken den Weg in Ihren Alltag finden können und wie Sie dadurch zu neuen Erkenntnissen und Urteilen kommen können. Philosophie ist nämlich alles andere als trocken – sie inspiriert dazu, das eigene Handeln und Denken zu reflektieren. In diesem Buch wird Ihnen genau erklärt, was die praktische Philosophie ist, in welchen Bereichen sie Anwendung findet und wieso sie heute vielleicht wichtiger ist denn je. Außerdem erfahren Sie Spannendes über die größten Denker der praktischen Philosophie und wie deren wertvolle Lehren in der realen Welt angewandt werden können. Als Bonus gibt es dann noch eine Anleitung zur Introspektion, die Ihnen dabei hilft, Ihr eigenes Bewusstsein zu analysieren und so zu erfahren, was Ihre wirklichen Werte und Ziele im Leben sind. Die praktische Philosophie wird Ihnen dabei helfen, bessere Entscheidungen zu treffen und sicherer zu handeln. Und nun: Viel Spaß beim Lesen und Lernen!

Was bedeutet „Praktische Philosophie"?

PHILOSOPHIE IM ALLGEMEINEN

Das Gebiet der Philosophie ist sehr groß. Seit Jahrtausenden beschäftigen sich Menschen mit philosophischen Fragen und stellen Theorien auf, etwa darüber, was der Sinn des menschlichen Lebens ist oder wie ein gutes Leben aussieht. Die Philosophie wird leider, wie auch andere Geistes- oder auch Sozialwissenschaften, häufig abgewertet, weil sie keinen ökonomischen Nutzen hat. Der Fortschritt des Menschen wird lieber an den Gebieten der Naturwissenschaft und der Technik gemessen. Das war nicht immer so, denn das Philosophieren gehört zu den ältesten Beschäftigungen der Menschheit und galt lange als Königsdisziplin.

Das Wort „Philosophie" bedeutet übersetzt etwa „Liebe zur Weisheit", was bereits erkennen lässt, wie viel Leidenschaft und Wissensdurst zu ihr gehören. Die Philosophie strebt danach, den Menschen und sein Handeln zu verstehen, und – auf menschlichen Erfahrungen aufbauend – zu Erkenntnissen zu gelangen. Es geht um das Leben selbst. Durch genaue Beobachtungen, präzise Sprache und klares Argumentieren gelangen Philosophen zu ihren Theorien über den Menschenverstand, und das schon seit Jahrtausenden. Die antiken Griechen waren die ersten, die durch systematisches Denken und Diskutieren Weisheit über die menschliche Existenz erlangten. Sie sind die Begründer der abendländischen Philosophie und auf ihren Systemen und Argumenten bauen philosophische Überlegungen der folgenden Jahrhunderte bis heute auf.

Klassische Fragen der Philosophie betreffen neben dem Sinn von „Gut“ und „Böse“, Gerechtigkeit, der Existenz von Gott oder einer Seele auch offensichtlich erscheinende Phänomene und Gesetze. Die Rechtswissenschaft beispielsweise legt fest, wann jemand im Sinne der Gesetze handelt und wann nicht. Sie kann aber allein nicht begründen, welche Inhalte in einem Gesetzbuch stehen sollen.

Ähnliches gilt für die Biologie. Hier werden lebendige Wesen untersucht, ob und wann diese Lebewesen aber ein Recht auf ihr Leben haben oder welche Rechte und Pflichten mit dem menschlichen Leben verknüpft sind, können Biologen nicht bestimmen. Abgesehen von einzelnen, konkreten Wissenschaften kann hinterfragt werden, was mit dem erlangten Wissen anzufangen ist und wie es genutzt oder missbraucht werden könnte. Die Philosophie geht sogar noch weiter: Manche ihrer Fragestellungen scheinen jeglichen Rahmen zu sprengen, etwa die Vorstellung, ob die Wirklichkeit, die wir gerade erleben, tatsächlich existiert.

Philosophie ist universell und untersucht oft allgemeingültige Vorstellungen. Gemein ist allen Zweigen der Philosophie, dass das konzentrierte Denken die vorrangige Methode ist. Es wird analysiert, kategorisiert und rational geprüft, aber auch die Intuition und bisherige Vorstellungen und Werte werden miteinbezogen und mit der Wirklichkeit des Lebens abgeglichen. Das weite Feld der Philosophie kann in zwei große Kategorien aufgeteilt werden: praktische und theoretische Philosophie.

PRAKTISCHE VS. THEORETISCHE PHILOSOPHIE

Um die praktische Philosophie besser verstehen zu können, sehen wir uns zunächst die theoretische Philosophie an. Diese behandelt, wie der Name bereits vermuten lässt, theoretische Grundlagen und Überlegungen der Philosophie, ist also eine Philosophie des Geistes. Obwohl es in diesem Buch hauptsächlich um Lehren der praktischen Philosophie geht, lohnt sich ein kurzer Blick auf das **Gebiet der theoretischen Philosophie**, die häufig Basis für praktisch-philosophische Theorien ist. Eine der Grundrichtungen ist die **Erkenntnistheorie**. Sie untersucht die Fähigkeit zur Erkenntnis an sich und den Ursprung menschlicher Erkenntnis. Sie hinterfragt, was der Mensch wissen kann und wie die Wege aussehen, auf denen wir die Wirklichkeit erkennen. Neben der menschlichen Erkenntnisfähigkeit geht es zudem um die Gesetzmäßigkeiten der Logik und des Denkens und um die Essenz von Wahrheit. Die Erkenntnistheorie fragt auch, was eine Wissenschaft kennzeichnet – dieser Zweig nennt sich Wissenschaftstheorie.

Vor allem ist die Erkenntnistheorie spannend, weil wir trotz unseres umfangreichen Wissens über Gehirnvorgänge noch immer nicht genau wissen, wie der Prozess der Erkenntnis vonstattengeht. Stammen unsere Erkenntnisse rein aus Erfahrungen? Stammen sie nur aus unserem Denken? Braucht es lediglich unseren Geist, um die Welt um uns herum zu kategorisieren und zu strukturieren? Oder ist unser Denken selbst immer abhängig davon, in welchen gesellschaftlichen und materiellen Verhältnissen wir leben, wie Karl Marx es sich vorstellte?

Ein weiterer Teil der theoretischen Philosophie ist die **Metaphysik**. Sie ist mehr als nur spekulatives Denken, das zu nichts führt; sie hinterfragt die Existenz von Gott und der Seele, die Unsterblichkeit dieser Seele und den Status der Menschheit im ganzen Kosmos. Seelen gelten als ungreifbar, doch bedeutet das auch, dass es sie nicht gibt? Jeder ist doch ein wenig an der eigenen Seele und deren Schicksal interessiert. Ist der Mensch denn wirklich nur mit seiner Biologie identisch, also nur mit seinem Körper und sonst nichts? Hat er einen freien Willen? Was ist der Sinn und Zweck allen Seins? Die klassische Metaphysik setzt sich mit solchen grundsätzlichen theoretischen Überlegungen auseinander. Sie nutzt Begriffe wie Wesen, Sein, Substanz oder Form und Materie, um die Welt und unsere Existenz in ihr zu erklären.

Darüber hinaus analysiert sie Grundbegriffe wie Wirklichkeit und Möglichkeit, Freiheit, Geist und Natur, Zeitlichkeit, Ewigkeit und Ähnliches. Weil sich die allgemeine Metaphysik damit beschäftigt, was Dinge, Vorgänge oder Eigenschaften ihrem Wesen nach sind und in welchem

Verhältnis sie zueinander stehen, hat sie die höchste Abstraktionsstufe. Die Teildisziplin der sogenannten rationalen Theologie befasst sich mit dem Ursprung des Seins in Gott, untersucht Gott also als Grund aller Wirklichkeit und Existenz.

Obwohl die Metaphysik insbesondere seit dem 17. Jahrhundert kritisiert wird, vor allem, weil ihre Fragen nicht adäquat beantwortet werden und Spekulationen weder belegt noch widerlegt werden können, sind viele ihrer Ansätze heute noch interessant. Wie verhält sich das Sein des Menschen in der heutigen Welt, in der scheinbar sein ganzes Denken in einer Cloud gespeichert werden kann, in der er sein Gedächtnis und sein Bewusstsein mit dem Kollektiv des Internets teilt?

Ein relativ junger Zweig theoretischer Philosophie ist die **philosophische Anthropologie**. Sie entstand in der ersten Hälfte des 20. Jahrhunderts und untersucht das Wesen des Menschen. Diese Disziplin versucht, vom einzelnen Individuum aus zu abstrahieren und dann allgemeine Schlüsse zu ziehen. Es geht zu großen Teilen auch um die Selbstreflexion des Menschen an sich, welche nur möglich ist, wenn der Mensch gleichzeitig Subjekt- und Beobachterposition einnimmt. Es werden Fragen nach dem freien Willen und sozialen Anpassungszwängen, aber auch nach einem ethisch richtigen Leben und dem Sinn des Lebens gestellt. Die philosophische Anthropologie kommt immer wieder mit anderen Einzelwissenschaften in Kontakt – im Prinzip immer dann, wenn der Mensch betrachtet wird und Rätsel aufwirft, sich infrage stellt oder Annahmen über die eigene Existenz entwickelt.

Schließlich gehört auch die **Sprachphilosophie** zur theoretischen Philosophie. Sie ist ebenfalls noch nicht alt, sondern entstand erst um das Jahr 1900. Bis dahin war Sprache hauptsächlich ein Werkzeug für die Philosophie, welches sie nutzte, um ihre Fragen und Erkenntnisse verständlich zu machen. Bereits in der Antike gab es zwar Theorien über die Sprache, etwa Grammatik und Semantik (die Lehre von Wort- und Textbedeutung), Spekulationen über Ursprung und Nutzen der Sprache waren aber aus heutiger Sicht eher naiv. Die Sprachphilosophie geht dem Wesen von Sprache genauer auf den Grund und fragt nach den einzelnen Elementen von Sprache, nach ihren unterschiedlichen Funktionen, nach der Beziehung zwischen Sprache und Erkennen, nach Problemen, die durch fehlerhafte Sprache entstehen, und nach der Beziehung zwischen Sprache und Wirklichkeit.

Zwei grundsätzliche Probleme stehen bei der Sprachphilosophie im Vordergrund: Erstens die Mehrdeutigkeit von Sprache, durch die häufig Missverständnisse entstehen. Zweitens die Fehlerhaftigkeit und Ungenauigkeit der Sprache, durch die unsinnige Satzkonstruktionen oder Sätze ohne Inhalt entstehen. Von diesen Problemen ausgehend wurden bis heute viele Sprachtheorien aufgestellt, die sprachliche Ungenauigkeiten mal als Problem, mal als Chance sehen. Kulturelle Aspekte spielen in der Sprachphilosophie ebenfalls immer wieder eine Rolle.

Die theoretische Philosophie hat also viele spannende Ansätze und Gegenstände, es soll hier aber hauptsächlich um die praktische Philosophie gehen. Womit setzt sich diese auseinander?

Die praktische Philosophie beschäftigt sich mit dem menschlichen Handeln. Aristoteles setzte dieses Teilgebiet als erster von der theoretischen Philosophie ab, im 19. Jahrhundert entstanden dann die einzelnen Teildisziplinen der praktischen Philosophie. **Kurz gesagt geht es hier um die praktische Umsetzung von Theorien, um konkrete Handlungsweisen und Anwendungen von Theorien in der realen Welt.** Im Zentrum stehen die Entscheidungen von Menschen in bestimmten Situationen und die Auswirkungen, welche diese Entscheidungen auf die handelnde Person und andere Menschen haben. Meist betrifft eine Handlung bzw. Nichthandlung schließlich nicht nur den Akteur, sondern auch ihm nahestehende Mitmenschen oder Personen, die ihn nicht einmal kennen.

Die praktische Philosophie ist gerade wegen dieses Aspekts so essenziell. Jeder Mensch ist täglich damit konfrontiert, kleine und große Entscheidungen treffen zu müssen. Für welche Handlung Sie sich entscheiden, beruht vor allem auf Ihrer persönlichen Einstellung und gewissermaßen auf Ihrem „inneren Kompass". Erkenntnisse, Beispiele und Fragen der praktischen Philosophie können dabei helfen, diese teilweise unterbewussten Einstellungen zu reflektieren, um sich in der Konsequenz sicherer im eigenen Handeln zu fühlen. Immanuel Kant nach handelt die theoretische Philosophie von dem, was ist, und die praktische Philosophie von dem, was sein soll.

Sehr wichtig: Zwar wird grundsätzlich zwischen theoretischer und praktischer Philosophie unterschieden, es kommt aber immer wieder zu Überschneidungen und gegenseitiger Beeinflussung. Eine radikale Grenze zwischen beiden Gebieten kann nicht gezogen werden, dafür sind Theorie und Praxis stellenweise zu stark miteinander verknüpft.

TEILGEBIETE DER PRAKTISCHEN PHILOSOPHIE

In der praktischen Philosophie geht es also um konkretes menschliches Handeln in der Praxis. Da es Abertausende von Situationen gibt, in denen sich Menschen für oder gegen eine Handlung entscheiden müssen, und dazu schier unendliche Handlungsmöglichkeiten, wird die praktische Philosophie in Teilgebiete untergliedert. Diese Teilgebiete werden Ihnen im Folgenden vorgestellt, sodass Sie einen guten Überblick über die wichtigsten Themen und Gegenstände der praktischen Philosophie bekommen.

Ethik

Wie Sie sich sicher schon denken können, geht es bei der Ethik um das richtige moralische Handeln. Die Moral an sich wird bei ihr kritisch hinterfragt und begründet, deswegen wird sie auch als Moralphilosophie bezeichnet. Obgleich Menschen in Griechenland, darunter Sokrates, schon im 5. Jahrhundert vor Christus der Meinung waren, der Mensch sei vernünftig und dürfe nicht blind nach Traditionen handeln, war es Aristoteles, der die

Ethik im 4. Jahrhundert vor Christus zur philosophischen Disziplin erhob. Für ihn umfasste sie das gesamte menschliche Handeln, das an der Vernunft ausgerichtet sein sollte.

Die Ethik ist eine praktische Wissenschaft, weil es ihr nicht um das Wissen an sich geht, sondern um dessen praktische Anwendung, die sich moralisch vertreten lässt. Der Fokus liegt auf menschlicher Willensfreiheit, auf dem richtigen Handeln in einer bestimmten Situation und auf dem „höchsten Gut“. Ethisches Handeln wird von der Philosophie durch rationale Argumente und Wertüberzeugungen gerechtfertigt, dafür wird auf Erfahrungswerte und allgemeine Normen zurückgegriffen. Es liegt am einzelnen Menschen, diese allgemeinen Vorgaben auf spezifische moralische Probleme anzuwenden. Um dies zu tun, benötigt der Mensch Wissen über das, was in einer Situation ethisch richtig wäre, also ein geschultes Gewissen und eine gute Urteilskraft. Die Ethik kann hier eine Stütze und ein Ratgeber sein, trotzdem muss das Individuum selbst handeln und Entscheidungen treffen.

Die Ethik ist abzugrenzen von der sogenannten Theorie der rationalen Entscheidung, einer aus der Soziologie stammenden Ansicht, die ebenfalls fragt, wie man handeln sollte. Denn im Gegensatz zur Ethik wird dort bei der Auseinandersetzung mit einer Frage rein auf Rationalität gesetzt, was nicht immer Moral miteinschließt. Theorien rationaler Entscheidung berücksichtigen nur Interessen und Ziele eines Menschen oder einer Institution wie einem Staat oder einem Unternehmen. Ob die rationalste Entscheidung in einer Situation ethisch korrekt ist oder nicht, wird nicht bedacht.

Diesen Punkt ignoriert die Ethik nie. Innerhalb ihrer Disziplinen geht es immer um moralische Wertungen und Handlungen. Die Metaethik geht analytisch vor und untersucht die Bedeutungskraft moralischer Theorien sowie die Logik und die Sprache von Diskursen, die sich um Moral drehen. Die deskriptive Ethik fällt als einzige der Unterkategorien der Ethik keine moralischen Urteile, sondern beschränkt sich darauf, die bereits bestehenden moralischen Normen und Werte einer Gesellschaft zu beschreiben.

Dafür sammelt sie Daten aus dem echten Leben und untersucht, wie Menschen tatsächlich handeln und nach welcher Moral sie leben.

Die **normative Ethik** ist abstrakter und beobachtet nicht nur, sondern analysiert allgemeingültige Werte und Normen mitsamt ihren Legitimationen genau. Wenn man von Ethik spricht, ist meist die normative Ethik gemeint. Sie fällt Urteile über das Richtige, über Prinzipien der Moral und über ein gutes Leben, gibt Maßstäbe für ethisch korrektes Handeln vor und begründet diese. **Auf der normativen Ethik baut daher die angewandte Ethik auf**. Sie behandelt spezifische Lebensbereiche und konzentriert sich auf individuelle Situationen und Gruppen.

Für diese werden in brenzligen Situationen Handlungsempfehlungen benötigt, die so moralisch wie möglich sein sollten. Diese Aufgabe übernehmen Ethikkommissionen und Ethikräte. Sie beraten und kontrollieren Wissenschaftler, die mit moralisch schwierig einzuschätzenden Entscheidungen konfrontiert sind und Richtlinien benötigen. Ein Gebiet der angewandten Ethik ist daher z. B. die Medizinethik. Zwar gibt es einige grundlegende Werte, die von allen Agierenden des Gesundheitswesens eingehalten werden müssen – wie das Recht auf Selbstbestimmung der Patienten, das allgemein geltende Gesetz der Menschenwürde oder das Verbot, Menschen zu schaden –, doch bei Themen wie Schwangerschaftsabbruch, Sterbebegleitung oder auch Organtransplantation gilt es, genauer abzuwägen.

Die **angewandte Ethik** hilft Menschen dabei, in konkreten Situationen moralisch zu handeln und, beispielsweise eben als Mediziner, keine ethischen Fehltritte zu begehen. Um zu argumentieren, was in der gegebenen Situation „richtig“ oder „falsch“ ist, und die Urteilsfindung zu erleichtern, werden Einzelfälle und ähnliche moralische Diskussionen zurate gezogen. Ein anderes, heiß diskutiertes Thema sind selbstfahrende Autos. In den letzten Jahren haben immer mehr Hersteller bekanntgegeben, dass sie an der Entwicklung von Fahrzeugen arbeiten, die eigenständig fahren. Eine Zukunftsmusik, die vielen gefällt – menschliche Fahrfehler könnten so verhindert werden, der Verkehr würde sicherer und entspannter werden. Nicht zu bestreiten ist jedoch, dass es weiterhin Unfälle im Straßenverkehr geben würde. Hier kommt wieder die Frage nach der Ethik ins Spiel: Wie soll sich der Computer im Fall eines Zusammenpralls verhalten, der nicht mehr aufzuhalten ist? Ist die höchste Priorität immer, die Personen im Fahrzeug zu schützen? Darf dafür die Unversehrtheit von Fußgängern riskiert werden? Diese Fragen müssen geklärt werden, bevor auch nur ein selbstfahrendes Auto auf die Straße darf.

Während die allgemeine Ethik die Werte und Normen vorgibt, auf denen die angewandte Ethik basiert, muss diese über die Theorie hinausgehen, um bei gesellschaftlichen, politischen und praktischen Fragen helfen zu können. Akademischer Diskurs ist zwar wichtig, um als echte Orientierungshilfe dienen zu können, die angewandte Ethik muss aber auch Erkenntnisse aus dem jeweiligen Gebiet miteinbeziehen und immer an reale Konsequenzen denken.

Menschen, die sich mit Philosophie und Ethik auseinandersetzen, bekommen öfter zu hören, dass ihre Arbeit der Gesellschaft nicht viel bringe und es eher Taten brauche, keine Überlegungen. Dabei ist das Bild des eingebildeten Philosophen, der ohnehin den ganzen Tag im Haus sitzt und von einer bequemen Position aus über die Welt nachdenkt, alles andere als aktuell. Gerade in den letzten Jahrzehnten werden Überlegungen über Ethik und Moral immer wichtiger, weil besonders in den Bereichen Umwelt, Gesellschaft und Technik verstärkt Probleme und Dilemmas entstehen. Die Ethik hat dann beispielsweise die Aufgabe, Argumente abzuwägen und aufgrund bisheriger Erkenntnisse und ähnlicher Probleme zu bewerten, oder zu einem gesellschaftlichen Konsens zu führen.

Rechtsphilosophie

Bei der Frage nach „Gut“ und „Böse“ denken Sie vielleicht zuerst an das Gesetz. Das gibt schließlich gewissermaßen vor, welches Handeln erlaubt und welches nicht erlaubt ist, basierend auf grundsätzlichen moralischen Werten, die gesellschaftlich anerkannt sind. Aber wie kommt diese

Beurteilung von Handlungen zustande, wie wird sie gerechtfertigt und welche Gesetze und Strafen sind wirklich angemessen? Mit diesen Themen setzt sich die Rechtsphilosophie auseinander. Sie untersucht, wie Rechtsnormen auf der ganzen Welt entstehen, welchen Inhalt das Recht haben sollte, und was Recht an sich überhaupt ist. Zudem geht es um das Verhältnis von Gerechtigkeit und Recht und darum, wie sich Rechtsnormen zu gesellschaftlicher Moral und zu anderen sozialen Normen verhalten. Die Rechtsphilosophie fragt darüber hinaus, durch welche Gründe die Verbindlichkeit zur Einhaltung des Rechts entsteht, und wie Recht und Rechtsgefühl zueinander stehen. Besonders die Frage nach der Brücke von Recht und Moral verbindet Rechtsphilosophie und Rechtstheorie, welche sich seit dem 19. Jahrhundert von der philosophischen Disziplin abspaltet. Was bedeutet das Recht für die Gesellschaft als Gesamtheit? Welche Folgen sind an die Verbindlichkeit bzw. die Unverbindlichkeit des Rechts geknüpft?

In der Rechtsphilosophie kommen Techniken und Erkenntnisse aus Bereichen wie Logik, Sprachwissenschaft oder Semiotik zusammen. Es gibt keine wirkliche Abgrenzung zu anderen Rechtswissenschaften, anderen Teilgebieten der Philosophie oder den Sozialwissenschaften, da Überlegungen und Argumente der Bereiche sich überschneiden. Eine Überschneidung gibt es auch zwischen Rechtsphilosophie und Politikwissenschaft, nämlich bei der Staatstheorie. Die Rechtsphilosophie beschäftigt sich zwar mit dem Recht allgemein, unabhängig von Staatssystemen, doch trotzdem liegen ihren Überlegungen einige Grundannahmen über Staatsform, Gesetzgebung und Regierung zugrunde. Diese Faktoren spielen für Funktion und Gültigkeit des Rechts eine große Rolle – das Gesetz eines totalitären Staats funktioniert und wirkt anders als das eines demokratischen Staats.

Ein sehr spannendes Thema der Rechtsphilosophie ist das Naturrecht. Vor allem seit der Aufklärung, die Anfang des 18. Jahrhunderts begann und nicht nur die Philosophie, sondern fast alle Denk- und Lebensbereiche maßgeblich prägte, wird der Begriff geprägt und diskutiert. Es gibt zwei Richtungen, in denen das Naturrecht ausgelegt wird: optimistisch und pessimistisch. Zentral ist der natürliche Zustand des Menschen, Naturzustand genannt. Der optimistischen Sichtweise nach sind Menschen von Grund auf gleich und frei, sie sind unabhängige Kreaturen, die frei denken und handeln können. Das Recht hat die Aufgabe, im Sinne des Gemeinwohls aller Menschen diese Freiheit zu schützen und zu verteidigen. In einem Staat sollten die Bürger einen Gesellschaftsvertrag schließen, welcher ihre angeborene, von Natur aus bestehende Freiheit sichert. Diese Sichtweise lehnt staatliche Willkür komplett ab und sieht die Kraft in der Gemeinschaft der Menschen, richtet sich also vor allem gegen den Absolutismus – die Herrschaftsform, die einer Regierung volle Macht über das Volk garantiert.

Die zweite Sichtweise auf den Naturzustand und das Naturrecht des Menschen sieht etwas anders aus. Der Denker und Philosoph Thomas Hobbes machte den Ausdruck „Homo homini lupus“ berühmt, zu Deutsch etwa „Der Mensch ist dem Mensch ein Wolf“. Dieser aus dem Latein stammende Satz fasst die pessimistische Auffassung des Naturzustands sehr gut zusammen. Der Mensch ist von Natur aus feindselig und schadet anderen, ohne Rücksichtnahme. Er nimmt sich, was er will, kämpft und verletzt oder tötet andere seiner Art, um zu überleben und das zu bekommen, was er will.

Das Recht und der Staat haben dann wieder die Aufgabe, die Freiheit des Menschen zu schützen, allerdings in der Weise, dass die Freiheit schlecht handelnder Menschen präventiv eingeschränkt wird, um die Allgemeinheit zu schützen. Das Recht schützt also die Menschen vor den Menschen, indem es ihre Freiheit einschränkt, um gleichzeitig ihr Wohlergehen und ihre Freiheit zu beschützen. Das ist durchaus paradox, doch diese Richtung der Rechtsphilosophie prägt unser Verständnis von Recht bis heute. Theorien über das Naturrecht rechtfertigen geltende Gesetze und Staatsmacht, gerade weil die menschliche Natur und die Gesellschaft so oder so erfordern, dass es ein geltendes Recht gibt. Die Natur des Menschen ist dieser Philosophie nach ausschlaggebend dafür, wie die rechtlichen Verhältnisse aussehen sollten bzw. müssen, damit ein produktives Leben in der Gesellschaft zustande kommt.

Politische Philosophie

Das Wort „politisch" wird heute in vielen Kontexten verwendet. Wenn wir von Staaten und Regierungen reden, benutzen wir den Begriff, aber auch, wenn wir von Wahlen, Demonstrationen oder Initiativen sprechen. Politische Philosophie beschäftigt sich mit politischen und sozialen Herausforderungen, die zwangsweise entstehen, wenn Menschen zusammenleben. Die gesellschaftliche Ordnung spielt seit jeher eine große Rolle und seit Jahrhunderten gibt es Debatten darüber, wie diese Ordnung der Gemeinschaft aussehen sollte.

Schon um das Jahr 3000 vor Christus beschäftigten sich Menschen mit der Hierarchie und Gestaltung ihrer Gemeinschaft, von der der Erfolg dieser abhängen konnte. Die Fragen der politischen Philosophie können sich um die Bedingungen der Politik drehen und darum, wie die Struktur politischen Handelns und politischer Institutionen zu bewerten ist. Was ist beispielsweise ein Staat oder wann ist ein Akt eine politische Handlung? Auch politische Begriffe wie „Autorität" oder „Staatsgewalt" werden hinterfragt.

Meist wird am kontroversesten diskutiert, wie eine bestimmte politische Ordnung oder gesellschaftliche Regeln zu begründen sind. Wie sollte das Zusammenleben organisiert sein, welche Prinzipien sollten greifen? Welche Rechte und Pflichten haben die Bürger gegenüber dem Staat, bzw. hat der Staat gegenüber den Bürgern? Sollte es überhaupt eine Regierung geben, und wenn ja, wie sollte diese am besten aussehen? Philosophische Überlegungen und harte Realität treffen in diesen wichtigen Fragen aufeinander.

Wirtschaftsphilosophie

Auch die Wirtschaftsphilosophie gehört zur angewandten Philosophie. Sie untersucht kritisch-philosophisch die politischen, anthropologischen und ethischen Grundlagen der Wirtschaft und deren Wissenschaften. Der Begriff „Wirtschaft" umfasst hier alle Handlungen und Systeme, durch die

Dienstleistungen, Zahlungsmittel und Sachgüter getauscht, angesammelt oder geschaffen werden. Diese Systeme garantieren die Sicherung der menschlichen Existenz und bilden ein Netzwerk, das für materielle Stabilität sorgt. Zentral sind ökonomische Theorien und Modelle, die auf ihre politischen Rahmenbedingungen und ethischen Werte hin untersucht werden.

Wieso Sie sich so entscheiden, wie Sie es tun

Besonders die Ethik als Teil der praktischen Philosophie begegnet uns ständig im Alltag. Vielleicht unterhalten Sie sich mit jemand anderem über ein gerade in den Medien heiß diskutiertes Thema und stellen fest, dass Sie beide scheinbar unterschiedliche ethische Grundsätze haben oder unterschiedliche Vorstellungen davon, was es heißt, ein gutes Leben zu führen. Da kann es schon mal zu angeregten Diskussionen und sogar Auseinandersetzungen kommen. Abgesehen von Gesprächen haben auch unsere Handlungen eine große Bedeutung sowie ethische Konsequenzen.

Wie wir unsere Mitmenschen behandeln und welche Entscheidungen wir treffen, hängt meist von unserer Sozialisierung und den Sinnvorstellungen ab, die wir von Eltern oder anderen Vorbildern übernommen haben; dazu später mehr. Es wird von uns erwartet, nach bestem Wissen und Gewissen zu denken und zu handeln, ob bei der Kommunikation mit Mitmenschen oder beim Einkaufen. Letzteres ist das perfekte Beispiel für eine alltägliche Entscheidung, die mit ethischen Fragen verbunden ist.

Entscheiden Sie sich im Supermarkt für das günstigere Produkt oder nehmen Sie lieber nur Bioprodukte, weil Sie billig importierte Lebensmittel oder nichtökologische Landwirtschaft unethisch finden? Kaufen Sie frisches Obst und Gemüse nur beim Bauern um die Ecke oder auf dem Markt oder halten Sie das für übertrieben? Wie sieht es mit Fleisch, Eiern und anderen tierischen Produkten aus – es gibt durchaus moralische Einwände, wenn es darum geht, für den persönlichen Genuss in Kauf zu nehmen, dass Lebewesen gequält und getötet werden. Hinzu kommen noch Fragen um gentechnisch veränderte Lebensmittel, bei denen ebenfalls immer wieder ethische Bedenken den Weg in die Diskussion finden. Im täglichen Umgang mit anderen Menschen wird die eigene Moral zusätzlich auf die Probe gestellt. Würden Sie ein gefundenes Portemonnaie behalten oder zumindest das Geld darin? Sind Sie tolerant und respektvoll gegenüber jedem Menschen, egal, ob Banker oder Obdachloser? Haben Sie Vorurteile, ob bewusst oder unbewusst, die Ihren Blick auf Ihre Mitmenschen verändern? Können Sie mit Kritik umgehen? Ist Ihnen Zivilcourage wichtig? Wofür würden Sie spenden und würden Sie dies auch tun, wenn Sie dafür auf etwas verzichten müssten? Lernen Sie von anderen Menschen? Sind Sie in der Lage, toxischen Menschen gegenüber Grenzen zu ziehen?

Es gibt noch zahlreiche weitere Beispiele für philosophische Fragen, die uns vor Herausforderungen stellen oder unsere Persönlichkeit in gewissem Maße herausfordern können. Brauchen Sie einen Sinn im Leben, der Sie antreibt, oder ziehen Sie Ihre Lebensmotivation anderswo her? Halten Sie sich selbst für einen guten Menschen? Stellen Sie sich selbst genug Herausforderungen? Handeln Sie immer nach den Werten und Normen, von denen Sie selbst überzeugt sind? Fällen Sie schwierige Entscheidungen sicher oder zweifeln Sie oft?

Spannend ist bei der Beantwortung solcher Fragen unsere Intuition, die eine große Rolle spielt. Die meisten Entscheidungen werden im Unterbewusstsein getroffen, also ohne, dass unser rationales Denken eingeschaltet ist. Der Grund dafür ist einfach: Denken ist anstrengend. Muss sich unser Gehirn aufs Denken konzentrieren und eine Entscheidung treffen, kostet das Einiges an Energie. Auf das Bauchgefühl zu vertrauen und das Unterbewusstsein entscheiden zu lassen, wird deswegen automatisch bevorzugt. Die eigene Intuition ist eine Eingebung, die im Unterbewusstsein entsteht und besonders mit Gefühlen und körperlicher Empfindung zusammenhängt.

Von Kindheit an wird uns beigebracht, rational zu denken und so logisch wie möglich zu handeln. Dennoch bleiben unsere Emotionen ausschlaggebend für unsere Handlungsentscheidungen, denn Gefühle bewerten Erfahrungen und lassen uns spüren, ob etwas eine gute oder schlechte

Erfahrung ist. Setzen Sie sich beispielsweise ein Ziel oder entscheiden sich für etwas, ist die Chance, dass Sie die Handlung auch wirklich durchführen, erhöht, wenn die Handlung mit positiven Gefühlen verknüpft ist.

Die Intuition setzt sich aus eben jenen Gefühlen, Erinnerungen, Empfindungen und Sinneseindrücken zusammen. Mit jeder Handlung und Erfahrung lernen wir dazu, auch wenn der Lernprozess im Unterbewusstsein stattfindet und wir kaum hinterfragen, wieso wir im Alltag schnell zu Entscheidungen und Lösungen kommen. Egal, für wie vernünftig wir uns halten, Emotionen tragen immer zur Handlungsentscheidung bei. Das lässt sich schon daran erkennen, dass Menschen, die aufgrund einer Hirnverletzung ein gestörtes soziales und emotionales Verhalten haben, kaum rationale Entscheidungen treffen können. Wenn sie eine Entscheidung zum Handeln treffen, können sie nicht einschätzen, ob sie sich wirklich gut anfühlt. Jemand mit nicht beeinträchtigten Emotionen und gesundem sozialen Umgang kann besser intuitiv handeln und Entscheidungen fällen, auch ohne über eine große Menge an Fakten oder Informationen zu verfügen.

Unsere Intuition sitzt nicht nur im Gehirn, sondern tatsächlich auch im Bauch – wir entscheiden uns aus dem Bauch heraus, weil es in der Magengegend ein Nervengeflecht gibt, welches unser Gehirn mitsteuert. Über 100 Millionen Nervenzellen sitzen im Verdauungstrakt und bilden eine Art zweites Gehirn, das mit dem ersten über Botenstoffe in ständigem Kontakt ist. Die beiden „Denkzentren" tauschen Informationen aus, werten sie aus und beeinflussen sich gegenseitig.

Trotzdem ist es am Ende nicht nur die Intuition aus dem Bauch, sondern vor allem unser Verstand, der uns handeln lässt. Bauchgefühl, rationales Abwägen und Verstand arbeiten eng zusammen, wenn wir unsere besten Entscheidungen treffen. Wie sieht es nun mit moralischen Entscheidungen aus? Hat wirklich jeder einen inneren Kompass, der ihn spüren lässt, was gut und was böse ist? Dass Menschen zwischen Gut und Böse unterscheiden können, ist klar, sonst wären sie wahrscheinlich schon lange ausgestorben, vernichtet in Kriegen oder aufgrund von Seuchen. Weil uns die Frage nach ethischem Verhalten seit jeher beschäftigt, entwickelt sich unsere Zivilisation immer weiter und übt sich in Solidarität und Nächstenliebe. Der Glaube an das Gute führt manchmal dazu, dass wir Kriege beginnen, aber auch dazu, sie beenden zu wollen. Das Streben nach Wahrheit und Erkenntnis führt dazu, dass wir Heilmittel entdecken, miteinander kooperieren, uns für politische Ideen einsetzen und zum Allgemeinwohl der Gesellschaft beitragen wollen. Auch wenn es in der Menschheitsgeschichte immer wieder Rückschläge gab, hat sich der Lebensstandard in vielen Teilen der Welt doch erheblich gesteigert. Und das, weil wir gelernt haben, miteinander zu kooperieren und uns füreinander einzusetzen. Ohne grundlegendes Wissen um Gut und Böse wäre das nicht möglich gewesen.

Regen viele Menschen gemeinsam dazu an, die eigenen Handlungen und Gedanken ethisch zu hinterfragen, kann es zu echter Veränderung kommen. Anhand gesellschaftlicher Debatten der letzten 50 Jahre lässt sich gut erkennen, dass eine Moralisierung in einigen Bereichen stattfindet und zu sichtbaren Fortschritten führt.

Beispiele sind die Black-Lives-Matter-Bewegung, der Kampf um die Gleichberechtigung von Frauen und anderen durch das Patriarchat unterdrückten Menschen oder Streiks für eine Klimawende. Diese Bewegungen würden keinen Anklang finden, wenn nicht ein Großteil der Menschen eine Vorstellung von Gut und Böse, Gerechtigkeit und Ungerechtigkeit hätte. Proteste für moralischeres Denken und Handeln in der Gesellschaft können auf Missstände aufmerksam machen, die zuvor selbst von Menschen ignoriert wurden, die sich selbst als moralisch handelnd wahrnehmen.

Der Grund für diese Ignoranz bei vielen Problemen des 21. Jahrhunderts ist der Fortschritt, der uns auf der einen Seite ein besseres Leben ermöglicht, uns auf der anderen Seite aber für vieles blind macht. Für unseren Wohlstand werden natürliche Ressourcen weltweit verbraucht, was zur Klimakatastrophe beiträgt und Tier- und Menschenleben gefährdet. Diese Konsequenzen haben wir jedoch nicht direkt vor Augen. Gleiches gilt für Massentierhaltung und die damit verbundene Quälerei von Tieren.

Niemand würde sagen, dass er das gut findet. Im Gegenteil, die meisten würden Tierquälerei als verwerflich betrachten. Es wird dennoch zu billiger Wurst im Supermarkt gegriffen, weil das Tierleid aus den Augen und damit aus dem Sinn ist.

Umweltzerstörung und Massentierhaltung hören nicht auf, ethisch verwerflich zu sein. Die Folgen unseres Handelns in dieser Hinsicht bleiben uns aber weitestgehend verborgen, unsere Handlungen kommen uns daher nicht böse vor. Wir finden leicht Ausreden und Erklärungen für unsere Lebensweise und unser unmoralisches Verhalten. Gleichzeitig wächst das schlechte Gewissen parallel zur Aufmerksamkeit, die diese Probleme in der Gesellschaft bekommen. Es kann sogar Scham entstehen, wenn wir uns eingestehen, dass wir unethisch handeln und ahnen, dass unsere Entscheidungen zu etwas „Bösem“ beitragen.

Ob unser innerer Kompass – jenes Gefühl, das uns anzeigt, was richtig ist und was nicht – von Geburt an angeboren ist oder nicht, lässt sich diskutieren. Sicher ist, dass die Gesellschaft und das unmittelbare soziale Umfeld, in dem wir aufwachsen und leben, in hohem Maße zu unserem Verständnis von moralisch gutem Handeln beitragen. An sich ist klar, dass es das reine Gute und das reine Böse nicht gibt, da es sich dabei um Ideale bzw. Radikale handelt, die kaum zu erreichen sind. Die Entscheidungen, die wir treffen, befinden sich im Spektrum zwischen den beiden Extremen, und wir nehmen diese als Referenzpunkte. Unsere Vernunft und die Erkenntnis, dass es „eher gute“ und „eher schlechte“ Entscheidungen gibt, leiten unsere Gedanken und damit unser Handeln. Rationales Denken und Moral gehören zusammen und bedingen sich gegenseitig.

Wer bei moralischen Entscheidungen wirklich nur auf sein Bauchgefühl und das eigene Wohlbefinden achtet, handelt nachweislich unethischer. Durch eigene Interessen, die in den Vordergrund gestellt werden, werden Menschen für die Erkenntnis des Guten und des Schlechten blind und lassen Selbstreflexion vermissen. Philosophie kann uns dabei helfen, in einer komplexen Welt, in der nicht alle Probleme ständig vor unseren Augen liegen, richtige und gute Entscheidungen zu treffen. Indem wir uns mit ethisch schwierigen Fragen beschäftigen und darüber nachdenken, was ein wirklich gutes Leben für uns bedeutet, beweisen wir Rationalität, Empathie und Willensstärke.

Warum alte Denkansätze heute noch wertvoll sind

Der Denker und Dichter Friedrich Nietzsche kritisierte, dass viele moralische Lehren in der Realität kaum umzusetzen und daher unpraktisch seien. Nehmen wir als Beispiel die antiken griechischen Philosophen. Sie argumentierten und analysierten auf einem hohen ethischen Niveau und stellten hohe Ansprüche an die eigene Lebensführung und die der Menschen allgemein. Ihre Ideale lassen sich nach wie vor nicht ganz in die Wirklichkeit übernehmen und so bleiben sie eine Herausforderung.

Trotzdem sind praktisch-philosophische Ansätze der letzten zweitausend Jahre Menschheitsgeschichte nach wie vor aktuell, gerade weil sie teilweise unerreichbar scheinen und polarisieren. Sie regen dazu an, sich mit den wichtigen Fragen des Lebens auseinanderzusetzen und die eigenen Werte und Normen zu hinterfragen, selbst oder gerade dann, wenn man mit einem philosophischen Ansatz nicht konform ist.

Weisheit und Intelligenz sind zwei verschiedene Dinge. Klug zu sein, garantiert nicht, ein befriedigendes Leben zu führen, und für Weisheit sind Bildung und Scharfsinn nicht unbedingt nötig. Der antike Philosoph Platon z. B. zählte Myson, einen einfachen Landwirt, zu den weisesten Menschen, die er kannte. Wachheit, Lebenserfahrung und Aufgeschlossenheit können bereits zu einer moralischen und weisen Lebensführung verhelfen. Im Gegensatz dazu können zu viel Genauigkeit und Scharfsinn den Blick für die einfachen Wahrheiten und die simplen Gründe für Lebensfreude trüben. Viele alte Denkansätze der praktischen Philosophie zielen auf das Erkennen dieser Gründe ab.

Die Lehren der großen Philosophen sind alles andere als eingestaubt oder langweilig. Sie können in unserem Leben zu wahren Leuchttürmen werden, die uns in unsicheren Zeiten den Weg weisen. Jeder macht einmal Krisen durch, fühlt sich im Privat- oder Arbeitsleben abgehängt oder fragt sich, wieso er überhaupt das tut, was er tut. Das ist menschlich und normal. An jeder Ecke scheint es heutzutage ein Mittel gegen Verlorenheit zu geben und es ist leicht, den großen Fragen der Existenz auszuweichen und sich abzulenken. Über das eigene Verhalten und Denken zu philosophieren und sich mit Ideen auseinanderzusetzen, die teilweise Jahrtausende alt sind, ihre Aktualität aber nicht verloren haben, ist deswegen manchmal eine Selbstüberwindung. Doch es lohnt sich.

Sich mit praktischer Philosophie auseinanderzusetzen und sie in den eigenen Alltag zu integrieren, erfordert mehr als die Fähigkeit, Aristoteles & Co. zu verstehen. Es geht darum, das Gelernte beharrlich einzuüben, Konsequenzen zu ziehen, selbstkritisch zu sein und den Willen aufzubringen, eigenverantwortlich zu handeln. Die Tipps der praktischen Philosophen sind nützlich und bringen uns dazu, uns selbst besser kennenzulernen. Philosophie verknüpft das Wissen in seiner Gesamtheit und lässt uns Zusammenhänge verstehen – in Bezug auf uns selbst und auf die Welt, in der wir leben.

Gerade dieser Punkt ist sehr bedeutsam. In der Gesellschaft von heute werden vor allem Spezialisten geschätzt, Menschen, die auf einem bestimmten Gebiet besonderes Wissen und ausgezeichnete Fähigkeiten haben. Allrounder werden zwar als talentiert wahrgenommen, aber nicht so bewundert wie Spezialisten. Das schlägt sich auch im Bildungssystem nieder. Immer früher müssen Kinder bzw. ihre Eltern entscheiden, wo sie ihr Weg hinführt und welche Gebiete sie interessieren. Der Blick für das große Ganze geht da schnell verloren; als wichtiger als moralisches Handeln und eine gute Lebensführung werden Karriere, Berufschancen und Qualifikationen eingestuft. Und bloß keine Lücke im Lebenslauf. In den klassischen Zivilisationen, denen viele bedeutende Philosophen angehörten, war es dagegen ganz normal, sich mit Wissenschaft, Politik, Religion und Kunst gleichermaßen zu beschäftigen. Diese vier Bereiche schlossen sich zu einer Einheit zusammen, die fast alle Facetten des Lebens durchdrang und der Philosophie Inspiration gab. Denn die Essenz der Einheit ist das menschliche Wesen, das im 21. Jahrhundert noch immer hinter allen komplexen Dingen steht, die wir in den letzten Jahrtausenden entwickelt haben. Fortschritt und Errungenschaften bringen nichts, wenn wir nicht darüber nachdenken, wie die Gegenwart als Gesamtes verbessert werden kann, wie wir Hunger, Arbeitslosigkeit und Kriege überwinden können.

Die alten Philosophen können uns heute wieder beibringen, über den Tellerrand des eigenen Alltags hinauszusehen und uns zu fragen, ob wir das Leben wirklich so führen wollen, wie wir es im Moment tun. Sie inspirieren uns dazu, unsere besten Qualitäten auszubilden und uns der Lebenskunst zu widmen.

Lektionen der großen Philosophen

Im Folgenden werden Ihnen die bedeutendsten sechs Denker der praktischen Philosophie sowie ihre Erkenntnisse anschaulich erklärt. Durch sie erlangen Sie universelles Wissen, das zum Nachdenken anregt und womöglich Inspiration zu neuen Lebensentscheidungen und (Denk-)Gewohnheiten gibt. Der Fokus liegt besonders auf Ideen dazu, wie ein Leben gut zu leben und Handlungen richtig abzuwägen sind.

I. SOKRATES

Der Begründer der westlichen Philosophie, der am Ende für seine Überzeugungen starb und seinen Prinzipien treu blieb: Sokrates. Bis heute ist seine Persönlichkeit zu großen Teilen ein Rätsel, denn der Denker hat kein einziges Werk selbst verfasst. Dass wir Sokrates‘ Lehren heute kennen, haben wir seinen Zeitgenossen und seinen Schülern, allen voran Platon, zu verdanken, denn sie hielten seine revolutionären Gedanken fest.

Kurzbiografie

Im Jahr 470 vor Christus kommt Sokrates als Sohn einer Hebamme und eines Bildhauers in Athen auf die Welt. Er wird klassisch erzogen und in Musik, Sport und Literatur unterrichtet, auch Rhetorik und Dialektik interessieren ihn seit jungen Jahren. Er tritt in die Fußstapfen seines Vaters und wird Bildhauer, beteiligt sich dann aber am Peloponnesischen Krieg und geht anschließend in die Politik. Während der Zeit im Krieg und danach lehrt er seinen Mitbürgern mit Leidenschaft seine eigenen philosophischen Gedanken. Er konzentriert sich vor allem auf junge Männer und lehrt auf öffentlichen Plätzen in Athen.

Im Vordergrund steht für ihn die ethische Erziehung der Menschen um ihn herum, da ihm zufolge jeder zu Tugend und Verstand fähig ist. Um Äußerlichkeiten hingegen macht sich Sokrates kaum Gedanken: Er soll auf der Straße jeden Vorbeikommenden mit Fragen nach dem Leben gelöchert und dabei nicht einmal Schuhe getragen haben. Er ist ungewaschen und sein Haar ist wirr und lang, trotzdem hat er viele Anhänger und Schüler, die seine Lehren wertschätzen. Sokrates‘ Gedanken werden von seinen Schülern in Form von Dialogen festgehalten. Der Philosoph wird berühmt für seine Technik der sogenannten Mäeutik, bei welcher er mithilfe ironischer Fragen seinen Gesprächspartner zur Besinnung bringt und zum eigentlichen Sein führt. Der Philosoph hinterfragt das alltägliche Leben und hat großen Spaß daran, mit anderen das Wesen des Menschen zu ergründen.

Obwohl beliebt, hat Sokrates auch Feinde. Seine Predigten über eine objektive Ordnung in Form von Religion, Sitte und Staat stoßen bei den Regierenden Athens auf Missgunst. Sie werfen Sokrates vor, er würde die Jugend des Staates verführen und die Staatsgötter verleugnen, weshalb er 399 vor Christus zum Tode verurteilt wird. Sokrates zeigt sich im Gericht unbeeindruckt und fast scherzhaft, nimmt die Strafe aber an. Er geht sogar noch weiter: Freunde ermöglichen ihm die Flucht aus dem Gefängnis, doch Sokrates entscheidet sich dafür, zu bleiben. Er lehrte Gehorsamkeit gegenüber den Stadtgesetzen und will seinen Prinzipien nun treu bleiben. In seinen letzten Tagen besucht er Freunde und wirkt weder niedergeschlagen noch wütend. Er trinkt das Gift aus dem Schierlingsbecher und stirbt. Was überdauert, sind seine Gedanken über Individualismus, Sitte und Tugend. Er bleibt bis zum heutigen Tag als nobler, weiser und menschlicher Philosoph im Gedächtnis.

Demut, Aufgeschlossenheit und Erkenntnis

Aus Sokrates‘ Lebensgeschichte wird bereits ersichtlich, dass er sich sein Leben lang in Demut übte und ein strenges Leben führte. Für sein ungepflegtes Äußeres wurde er teilweise verspottet, er aß und trank nur wenig und war mit seinem ständigen Bedürfnis nach Gespräch und Austausch nicht bei allen beliebt. Der Vater der Philosophie, wie er bezeichnet wird, machte sich aus der Kritik aber nur wenig. Er konzentrierte sich lieber auf seine Lehren und fand Freude daran, sich mit seinen Mitmenschen auszutauschen. Sokrates lehrte ausnahmslos mündlich und schrieb keinen seiner Gedanken auf. Er soll gesagt haben, dass jedes Individuum eigene Gedanken entwickeln müsse, und dass er, würde er seine Überzeugungen festhalten und lesen lassen, die intellektuelle Bildung von Individuen zu sehr beeinträchtigen würde.

Viel besser sei es, sich lange mit den Menschen zu unterhalten und sich in ihre Perspektive hineinzuversetzen, um selbst zu lernen. Seine eigenen Lehren vermittelte Sokrates immer auf eine bestimmte, einfühlsame Weise, die vielen zukünftigen Pädagogen und Philosophen zum Vorbild werden sollte. Er begann das Gespräch mit einer Frage und hörte sich die Antwort des Gesprächspartners genau an. Dann stellte er ihm weitere Fragen, die den Gesprächspartner selbst erkennen lassen sollten, dass seine Aussagen konsistent oder nicht gut genug begründet waren. Auf diese Weise erkannte der Schüler des Philosophen die Wahrheit selbst, wurde also zur Erkenntnis geführt.

Sokrates nimmt in dieser Konstellation die Rolle des leitenden Zuhörers ein, der so lange Fragen stellt, bis der Schüler von sich aus auf die Wahrheit stößt. Diese Methode trug mit Sicherheit zur Beliebtheit des Philosophen bei, der lieber zuhörte, als zu predigen, und somit bewies, dass er seine eigene Theorie in die Praxis überführen konnte: Jeder ist eigenständig zur Erkenntnis fähig.

Zu seinen berühmtesten Sätzen gehört: „Erkenne dich selbst." Sokrates versuchte nicht, Menschen mit seiner Philosophie zu erleuchten oder ihnen einen Weg des richtigen Lebens aufzuzeigen. Vielmehr motivierte er seine Mitmenschen dazu, ihr eigenes Wesen zu erkunden und sich eben selbst zu erkennen. Das ist Mäeutik. Der Philosoph war davon überzeugt, dass Menschen richtig und tugendhaft handeln, wenn sie nur erkannt haben, was richtig und was falsch ist. Eine Sache ist ihm zufolge nur dann nützlich, wenn sie nicht zweckentfremdet, sondern ihrem Wesen nach richtig genutzt und tugendhaft angegangen wird. Tugend ist demnach ein Teil der menschlichen Seele, den jeder innehat und der nur zum Vorschein gebracht werden muss. Die Erkenntnis wird von Sokrates durch Fragen und Nachbohren „herausgekitzelt“, mal mit Humor, mal mit Ironie.

Ein anderer bekannter Ausspruch des Sokrates fasst einen weiteren Teil seiner Philosophie und seiner Persönlichkeit gut zusammen: „Ich weiß, dass ich nichts weiß.“ Das ist ein Paradox – wenn er nichts weiß, wie kann er dann wissen, dass er nichts weiß? Doch um diese Frage geht es natürlich nicht wirklich. Es geht vor allem um die Gesinnung, die hinter dieser Aussage steht. Sokrates glaubte wirklich, dass er die Wahrheit schlicht nicht kannte. Zwar hinterfragte er alles, suchte nach Antworten und stellte Theorien auf, er akzeptierte aber auch, dass er die vollständige Wahrheit über das Wesen der Welt und der Menschen nie kennen würde. Genau darin liegt große Weisheit.

Keine echte Boshaftigkeit

Auf einen wichtigen Aspekt der Erkenntnistheorie nach Sokrates sollte eingegangen werden: Dem Gelehrten nach besitzen alle Menschen von Geburt an Vernunft und Tugend. Laster und Boshaftigkeit beruhen seiner Ansicht nach auf der Unwissenheit von Menschen, was bedeutet, dass niemand absichtlich böse handelt, sondern nur unwissend ist und sich selbst noch nicht erkannt hat.

Das richtige, gute Denken führt demnach zu gutem Handeln. Jeder Einzelne hat die Aufgabe, sich selbst zu ergründen und Selbsterkenntnis zu erlangen. Das Individuum muss Rechenschaft über sich und sein eigenes Leben ablegen, was dazu führt, dass es erkennt, welches Verhalten dem eines wahren Menschen angemessen ist. Die Erkenntnis kann erst durch Selbstreflexion zustande kommen, wie sie bei der Mäeutik angereizt wird. Der Begriff stammt aus der Hebammenkunst, also aus der Berufung der Mutter des Philosophen. Sokrates verhilft seinen Schülern durch diese

Technik gewissermaßen dazu, die Geburt der Erkenntnis anzuregen.

Diese Geburt kann schwer sein. Sokrates betonte immer wieder, dass der Weg zur Erkenntnis unterschiedlich aussieht, und dass man „von unten“ anfangen muss, nicht von oben. Stück für Stück, befeuert durch gemeinsame Gespräche und Diskussionen, eröffnet sich den Schülern die Erkenntnis allmählich. Mit der Zeit lernen sie dabei, dass sie in der Vergangenheit teilweise schlecht gehandelt haben, weil sie ihr eigenes Verhalten und ihre Überzeugungen nicht reflektiert haben. Sokrates nach ist niemand von Grund auf böse oder hat eine schlechte Seele. Es braucht nur Erkenntnis, um ethischer zu handeln und bessere Entscheidungen zu treffen.

Sokrates heute

Viele Lehren von Sokrates lassen sich allgemein auf das Leben anwenden. Seine Lebens- und Denkweise ist inspirierend und erweckt Hoffnung für die Menschheit. Obwohl der große Denker in späteren Jahrhunderten als weltverbessernder Querkopf und Schwätzer verpönt wurde, ist in seinen Lehren viel praktisches Wissen enthalten.

Sokrates wusste, dass er nichts weiß. Diese Überzeugung scheint im heutigen Informationszeitalter absurd, denn ein jeder von uns trägt in seiner Hosentasche ein Gerät, das ihm innerhalb von Sekundenbruchteilen Wissen über fast alles und jeden liefern kann. Diese Errungenschaft bringt viele Vorteile für uns und ermöglicht es, jeden Tag Neues zu lernen. Gleichzeitig wird dadurch die Illusion kreiert, wir seien allwissend und bräuchten kein nachhaltiges Lernen und Selbst-Hinterfragen, weil wir ja sowieso alles googeln können. Dabei ist die Basis von wirklichem Wissen und Verstehen das gründliche Nachdenken und die eigene Recherche.

Wir sollten im Alltag Demut beweisen und offen bleiben für neue Informationen, Sichtweisen und Argumente, die unseren Horizont erweitern. Wir sollten das Gespräch mit anderen suchen und uns über Erfahrungen und Meinungen austauschen, um zu mehr Erkenntnis zu gelangen. Darüber hinaus sollten wir erstens akzeptieren, dass wir nie alles wissen können, und zweitens, dass nur durch aufmerksames Hinterfragen und auch durch Widersprüche und Konflikte lebendiges Lernen zustande kommt. Solche Widersprüche und eventuell nicht ganz geklärte Fragen sollten angenommen werden, anstatt sie aus Bequemlichkeit zur Seite zu schieben.

Selbstständiges Nachdenken spielt heutzutage eine größere Rolle denn je. Ob Fake News oder als Fakten getarnte Verschwörungstheorien – scheinbar überall lauert die Gefahr, sich von Parolen mitreißen zu lassen und schlechte Narrative zu übernehmen. Wie Sokrates es lehrte, sollten wir öfter in uns selbst hineinhören und über unsere eigenen Erfahrungen nachdenken. Wir können mehr Erkenntnis erlangen, wenn wir Dinge hinterfragen und nach neuen Zugängen zur Welt suchen, anstatt an Altbekanntem festzuhalten.

Sokrates suchte mit vielen Menschen das Gespräch und beschäftigte sich auch mit Sprachphilosophie. Er plädierte dafür, eine reine und präzise Sprache zu verwenden, um mit sich selbst und anderen zu kommunizieren. Sich hinter komplizierten Phrasen zu verstecken, erschwere den Weg zur Erkenntnis. Man solle sich vielmehr trauen, sich klar auszudrücken, auch wenn das bedeutet, bei manchen anzuecken. Ein Wörterschwall ist schnell nichtssagend, mit einer genauen Sprache hingegen lässt sich etwas anfangen.

Im Alltag kann es schon mal vorkommen, dass man sich lieber umfangreich und kompliziert ausdrückt, im Beruf beispielsweise. In manchen Momenten ist das vielleicht angebracht und nötig, häufig präferieren es Mitmenschen und Kollegen aber, wenn man sich klar und deutlich ausdrückt. Selbst wenn andere nicht mit der eigenen Meinung übereinstimmen, können sie es dann zumindest wertschätzen, dass Klartext geredet wurde. Ähnliches gilt für Gespräche über Gefühle. Die meisten Menschen bekommen lieber ins Gesicht gesagt, wenn es ein Problem gibt oder wenn jemand wütend auf sie ist. Die Situation mag unangenehm sein, doch sie erhalten so geradeheraus Informationen, mit denen sie etwas anfangen können. Das ist konstruktiver, als der Situation zu entfliehen oder sich hinter langen

Erklärungen oder Entschuldigungen zu verstecken.

Wie sieht es heute mit Sokrates' Ansicht von Gut und Böse aus? Lässt sich Boshaftigkeit wirklich nur auf Unwissen, auf Keine-Erkenntnis-Haben zurückführen? Diese Sicht des großen Denkers ist vielleicht etwas zu simpel und idealistisch. Zu großen Teilen lassen sich aber Parallelen von dieser Auffassung zum tatsächlichen Verhalten von Menschen ziehen. Viele praktizieren nämlich keine Selbstreflexion und suchen nicht nach einer inneren Erkenntnis, sie nehmen sich selbst und ihr Denken und Handeln nie unter die Lupe. Das kann schnell zu „bösem" Verhalten führen.

Wer mit sich selbst nicht im Reinen ist oder einem bestimmten Thema, einer bestimmten Perspektive gegenüber verschlossen bleibt, wird wahre Begebenheiten nicht erkennen und ungünstig handeln. Wer beispielsweise Vorurteile gegenüber einer Minderheit hat, hat sich höchstwahrscheinlich nie wirklich mit dieser Gruppe von Menschen beschäftigt und bleibt in seinen negativen Gedanken gefangen.

Er denkt nicht darüber nach, wieso er ein Problem mit dieser Minderheit hat, und hinterfragt sich selbst keine Sekunde. Würde er sich aber mit der eigenen Geschichte befassen – womöglich hatte er ein negatives Erlebnis mit einem Mitglied dieser Menschengruppe – und sich dann mit den tatsächlichen Individuen auseinandersetzen, würde er vermutlich feststellen, dass er einfach nur ignorant war. Er war unwissend, festgefahren und verschlossen gegenüber der Wahrheit. Richtiges und gutes Handeln war nicht möglich, weil er nicht erkannt hat, dass er im Unrecht war. Es ist zwar unwahrscheinlich, dass die Erkenntnis von einem Tag auf den anderen eintrifft und sich das gesamte Denken und Handeln einer Person ändert. Selbstreflexion und ständiges Hinterfragen im Alltag führen aber dazu, dass sich einem ein ethisches, gutes Leben erschließt. Was es heißt, moralisch gut zu handeln, erfährt nur der, der sich mit dem eignen Handeln auseinandersetzt und es infrage stellt.

II. PLATON

Platon ist der griechische Philosoph schlechthin und hatte großen Einfluss auf die abendländische Philosophie. Er war ein Schüler des Sokrates und Lehrer des Aristoteles, zusammen gelten diese Denker daher als wichtigste Persönlichkeiten der antiken Philosophie. Im Mittelpunkt Platons Philosophie steht die Ideenlehre, die in seinen Schriften über Politik, Ethik, Kunst und Psychologie immer wieder Anwendung findet.

Kurzbiografie

Platon kommt 427 vor Christus auf die Welt und entstammt einer reichen, aristokratischen Familie. Er wächst behütet in Athen auf und genießt die klassische Ausbildung der Kinder wohlhabender Eltern, die zu seiner Zeit sportliche, literarische und musische Elemente beinhaltete. Platon ist früh ein fleißiger Lerner und begegnet in seinem zwanzigsten Lebensjahr seinem späteren Lehrer Sokrates. Die beiden Männer treffen sich auf dem Weg zu einem Theater und Platon ist nach dem ersten Gespräch sofort begeistert. Er verbringt acht Jahre mit dem älteren Philosophen und sorgt dafür, dass dessen Lehren für die Nachwelt festgehalten werden. Sokrates‘ Todesurteil verkraftet Platon nur schlecht, er ist so erschüttert, dass er Athen verlässt und zu einem anderen Schüler seines getöteten Lehrers in die Region Attika zieht.

Im Jahr 395 vor Christus nimmt er am Korinthischen Krieg teil. Er bleibt rastlos und unternimmt einige Bildungsreisen, wie es auch andere antike Autoren zu tun pflegten. Platon reist unter anderem nach Ägypten, Kyrene und Italien und bildet neben seiner eigenen Philosophie auch Kenntnisse der Geometrie und der Mathematik aus. Er besucht zahlreiche wichtige Denker seiner Zeit und sammelt so viel Wissen wie möglich.

Seine eigene philosophische Schule gründet er um 386 vor Christus in Athen. Bis zu seinem Tod bleibt er Lehrer, er vermittelt seinen Schülern seine philosophischen Ideen und nimmt großen Einfluss auf die

Entwicklung von Anthropologie, Staatstheorie, Kunsttheorie, Sprachphilosophie und Ethik. Platon stirbt 347 vor Christus im stolzen Alter von 80 Jahren. Er blieb ein angesehener und wichtiger Philosoph, obwohl ihm sein ebenso berühmter Schüler Aristoteles in manchen zentralen Punkten widersprach. Die von ihm gegründete Wissenschafts- und Philosophieschule besteht über neun Jahrhunderte, bis 529 nach Christus.

Die meisten Werke Platons, die die Zeit überdauert haben, sind in der Form von Dialogen verfasst. Seine Ideen werden also in der niedergeschriebenen Version eines Gesprächs vermittelt, etwa in den Dialogen „Politeia" oder „Kriton". Platons Einfluss auf die Philosophie verdankt sich vor allem dem Umstand, dass der Grieche als Begründer der objektiv-idealistischen Philosophie gilt. Diese Denkweise postuliert, dass dem materiellen Sein in der Welt ein geistiges Sein zugrunde liegt und dass ein denkendes Bewusstsein die objektive Realität erfassen kann. Platons Einfluss auf die abendländische Philosophie ist groß, kein nach ihm geborener Philosoph kennt seine Lehren nicht.

Das Höhlengleichnis – Ideenlehre des Platon

Der bekannteste Kern Platons Philosophie ist seine Ideenlehre. Dem Philosophen nach bilden Ideen eine eigene Wirklichkeit, die hinter der Sinnenwelt steht und dieser übergeordnet ist. In der Realität entstehen Abbilder, die auf den geistigen, nichtmateriellen Urbildern der Ideenwelt basieren. Diese Urbilder sind Ideen. Es gibt z. B. eine Idee „Hund", eine Idee „Baum" oder eine Idee „Mensch". Wir können die Ideen nicht mit unseren Sinnen wahrnehmen, wie wir die Realität wahrnehmen, sondern nur mit unserer Vernunft. Die Abbilder der Ideen, die wir sehen, sind nie so vollkommen wie die Ideen an sich, die der Wirklichkeit hinter den sichtbaren Dingen entspringen.

Die Ideenlehre versinnbildlicht Platon mit dem Höhlengleichnis. Er beschreibt eine Gruppe von Menschen, die in einer Höhle leben müssen und einander nicht sehen können. Die Gefangenen befinden sich in der unterirdischen Höhle seit ihrer Kindheit, sie sind so gefesselt, dass sie nur auf die ihnen gegenüberliegende Wand blicken können. Als einzige Lichtquelle dient ein Feuer, das hinter ihnen brennt. Hinter einer Mauer, die zwischen dem Feuer und den Rücken der Menschen steht, werden Gegenstände und Bilder getragen, die über die Mauer hinweg Schatten an die Wand des Höhleninneren projizieren.

Die Gefangenen sehen deshalb immer nur die Schatten von Menschen, Tieren und Gegenständen, jedoch nie die Dinge selbst. Sie halten die Schatten für die Realität, weil sie die Welt hinter der Mauer nicht kennen. Würde einer der Gefangenen nun befreit werden und würde sich dieser umdrehen, wäre er vom Schein des Feuers geblendet und alle Dinge der realen Welt würden ihn erschrecken. Sie wären für ihn weniger real als die Schatten, die sein Leben lang seine Realität waren. Der Gefangene würde sich nach seiner alten Position sehnen, da er in dieser deutlicher sehen könnte.

Doch was, wenn man ihn ganz nach draußen führte? Mit der Zeit würde er sich an das noch hellere Licht der Sonne gewöhnen. Er würde schließlich erkennen, dass die Sonne ebenfalls Schatten produziert und dass die realen Dinge ganz anders aussehen als ihre schemenhaften Abbildungen auf der Höhlenwand. Nun würde er nicht mehr zurückkehren wollen. Vielleicht hätte er das Bedürfnis, zu den anderen Gefangenen in der Höhle zu gehen und sie zu befreien. Diese würden ihn für verrückt halten – sie haben die echte Welt ja noch nicht gesehen. Platon zufolge sollte der Erleuchtete, der als Philosoph fungiert, trotzdem zurückkehren und nicht allein im Licht der Sonne verharren. Er ist der Welt gegenüber verpflichtet und sollte andere ebenfalls zum Licht führen.

Wie ist diese Geschichte zu deuten? Platon nach ist die Schattenwelt an der Wand der Höhle das Symbol für unsere Welt der sichtbaren Erscheinungen. Aus der Höhle auszubrechen und in die Außenwelt einzutauchen bedeutet, den Übergang in die wirkliche Welt, in die unsterbliche Welt der Ideen zu schaffen. Es handelt sich also um einen Aufstieg von der Realität hin zu den Ideen. Die unterirdische Höhle des Höhlengleichnisses ist die

Existenz als Mensch. Wir sehen die Dinge nicht für das, was sie sind, sondern erkennen nur die Erscheinung der irdischen Dinge und halten sie für die Realität. Erst durch einen Gewöhnungsprozess, wie bei der Erkenntnis nach Sokrates, sehen wir die Wirklichkeit der Ideen.

Das wahrhaft Gute

Für Platon ist die menschliche Seele nicht nur unsterblich, sie enthält in ihrem Inneren auch die Urbilder der Ideenwelt und damit die Vorstellung richtigen Verhaltens. Die höchste aller Ideen dieser Wirklichkeit hinter der Realität ist nämlich das Gute. Wie sein Lehrer Sokrates ist Platon also davon überzeugt, dass jeder Mensch den Kern des Tugendhaften in sich trägt. Im Menschenkörper kann die eigene Seele aber vergessen, wie das richtige Handeln aus dem Reich der Ideen aussieht. Kommt der Mensch zur Erkenntnis, erinnert er sich wieder an die Urbilder des guten Verhaltens.

Wie wichtig das Gute für Platon ist, zeigt sich in einer anderen Metapher, dem Sonnengleichnis. Die Sonne ist für ihn das Ebenbild des eigentlich Guten. Dieses eigentliche Gute verleiht den Objekten Wahrheit und den Menschen die Fähigkeit zur Erkenntnis. Nur durch das Gute kann Erkenntnis durch Vernunft und Wahrheit entstehen und das Licht der Erkenntnis ist der Finsternis immer vorzuziehen. Platon sagt, dass Erkenntnis und Wahrheit an sich gut seien, dass das eigentlich Gute aber noch höher einzuschätzen sei. Erkenntnis und Wahrheit sind das Licht; das eigentlich Gute ist die Sonne, von der aus das Licht strahlt, also die Quelle des Guten.

Es braucht Licht, damit das Auge Dinge sehen kann. Wendet sich das Auge von im Licht stehenden Dingen ab und hin zu Dingen, auf die nur ein schwacher oder gar kein Schein fällt, ist es, als wäre der Sehende auf einmal blind geworden. Erst der erneute Blick auf das Erhellte schärft das Sehvermögen wieder und wir sehen klar. Platon überträgt dieses Bild auf die Psyche des Menschen. Richten wir unseren Blick auf helle Dinge, die ewig wahr und wirklich existierend sind, können wir alles gut wahrnehmen und es erkennen. Wir verfügen über Vernunft. Blicken wir hingegen auf

Finsternis, auf Dinge, die im Werden und im Vergehen feststecken, wird unser Blick stumpf. Unsere Vernunft schwindet, unsere Meinungen werden vorurteilsbehaftet und unsicher, weil wir nicht richtig sehen. Da die Sonne Quelle des Lichts und das Gute Quelle der Wahrheit ist, brauchen wir Wahrheit, um zu sehen. Wir dürfen uns nicht in Schatten und Unsicherheiten verlieren, sondern müssen uns den Dingen in unserem Leben zuwenden, die echt und erhellt sind.

Darüber hinaus steht Licht für Leben. Durch die Sonne werden Dinge nicht nur gesehen, sie können auch wachsen und werden. Das Gute ist demnach nötig für Erkenntnis und für Wesensfülle, ohne das Gute hat nichts ein wirkliches Sein. Es ist der Ursprung und das Ziel allen Seins, die höchste aller Ideen.

Platon heute

Für Platon ist das ultimative Ziel des Menschen, nach dem Guten zu streben und sich um das Geistige zu sorgen. Er muss nach Erkenntnis streben und hinter die wirklichen Dinge sehen, sie nicht nur als von den Sinnen erfasste Gegenstände, sondern auch als Ideen und Konstrukte verstehen. Das Streben nach dem Guten und nach der Erkenntnis hört nie auf, die leidenschaftliche Suche nach Wahrheit findet nie ein Ende; erst dann ist das Leben Platon zufolge lohnend.

Was wir heute vor allem von Platons Lehre verinnerlichen sollten, ist die Pflege der Seele und das Streben nach dem Wahren, Schönen und Guten, das unsere wahrnehmbare Realität übersteigt. Weil Menschen unvollkommen sind, sind sie auf das Gute und auf gutes Handeln angewiesen. Wer sich dem zuwendet und sich um seine Seele kümmert, vermag es, diese in ihre Bestform zu bringen.

Äußere Umstände wie Beruf und Familie zwingen uns oft dazu, eher nach Geld und Ruhm zu streben als nach dem Guten. Zu Platons Zeit war das nicht anders, er prangert in seinen Schriften wiederholt Menschen an, die sich zwar um finanzielle Güter und Ehre sorgen, aber keinerlei Einsicht und Wahrheit für die eigene Seele aufbringen. Da die Seele unsere moralische Instanz ist, muss sie sozusagen regelmäßig gepflegt werden. Nur dann können gutes Verhalten geübt und aufrichtige Beziehungen zu Menschen gepflegt werden.

Es ist nötig, sich ab und zu von der durch die Sinne erfahrenen Existenz zu lösen und sich der Welt der abstrakten Ideen zuzuwenden. Das Philosophieren über solche Dinge und über das eigene Leben, das Stehen zwischen Unwissenheit und Weisheit wird dann eine praktische Lebensform, die das Heilen der Seele zum Ziel hat. Im Idealfall verbinden wir das Gute mit Gerechtigkeit, Vernunft und Schönheit, um zu innerer Ausgeglichenheit und Einsicht zu gelangen. Wir sind jeden Tag von schlechten Nachrichten umgeben oder werden mit negativen Ereignissen und Pech im eigenen Leben konfrontiert – darüber sollten wir nicht vergessen, dass es sich lohnt, nach dem wahrhaft Guten zu streben und nach den Urbildern des tugendhaften Verhaltens in unserem Inneren zu suchen.

Nicht nur in Bezug auf Wahrheit und Ideenlehre lassen sich Platons Ideen auf das heutige Leben übertragen. Berühmt war er auch für seine Überlegungen über den Staat und das Zusammenleben der Menschen. Ausgehend von der athenischen Demokratie seiner Zeit entwickelte er das Modell eines Idealstaates, welcher der Aufteilung der menschlichen Seele entspräche.

Diese sei aufgeteilt in Vernunft, Tapferkeit und Begierde, und so ist auch Platons utopischer Staat aufgeteilt in drei Stände. Zum Stand der Begierde, dem Nährstand, gehören Kaufleute, Handwerker und Bauern, dem Stand der Tapferkeit, genannt Wehrstand, fällt die Überwachung der Pflichten und Regeln zu. Den höchsten Stand der Vernunft und damit die Spitze der Gesellschaft nehmen die Philosophen ein. Da sie über Vernunft und Kompetenz verfügen, führen Sie das Volk klug und weise. Diese Aufteilung entspräche Platon zufolge den Bedürfnissen der Menschen und ihrer Seelen. Jeder hat im Staat seine Aufgabe, die er gewissenhaft ausführt, damit es gerecht zugeht – Ärzte heilen, Näher nähen, und so kommen für die Politik nur Experten wie die Philosophen infrage, die das Gute erkannt haben.

In späteren Jahren rückte Platon etwas von der Idee des Philosophenherrschers ab und konzentrierte sich auf Gesetze, welche Harmonie garantieren würden. Er legte großen Wert darauf, dass diese Gesetze für jeden verständlich verfasst werden sollten. Denn nur, wenn ein Bürger die ihm vorgeschriebenen Gesetze versteht und als sinnvoll betrachtet, ist er in der Lage und willens, sie einzuhalten. Diese Forderung ist heute noch gültig, nicht nur in der Politik. Niemand möchte Regeln blind folgen, für die gewissenhafte Einhaltung braucht es Verständnis und Einverständnis.

Platon war sich bewusst, dass seine Vorstellungen des Staates nur ein utopisches Ideal bleiben würden. Seine Gedanken prägten die politische Nachwelt trotzdem enorm. Ihm ging es besonders darum, dass Menschen ihre eigenen Interessen dem Gemeinwohl unterordnen, und dass eine naturgegebene Gerechtigkeit und das wahrhaft Gute immer an erster Stelle stehen. Werte, die für uns noch heute von großer Bedeutung sind.

III. ARISTOTELES

Aristoteles ist der letzte im Bunde der drei großen Philosophen der Antike. Das Universalgenie war nicht nur Denker, sondern auch Physiker und Wissenschaftler. Seine Schriften und seine aufgestellten Prinzipien für eine Vielzahl philosophischer und dichterischer Bereiche werden noch heute gelehrt. Als Schüler des Platon und Lehrer von Alexander III., welcher später als „Alexander der Große“ eigenen Ruhm erlangte, sammelte er umfangreiches Wissen und gab es ebenso zahlreich zurück.

Kurzbiografie

Als Sohn eines königlichen Leibarztes wird Aristoteles im Jahr 384 vor Christus geboren. Weil seine Eltern beide früh sterben, wächst er bei seinem Verwandten Proxenus auf, der ihn vorrangig in den Naturwissenschaften unterrichtet. Mit 17 Jahren zieht Aristoteles nach Athen und besucht

Platons Akademie. Fast zwanzig Jahre bleibt er an diesem Ort und unterrichtet bald selbst, Poetik und Rhetorik interessieren ihn neben philosophischen Problemen und den Naturwissenschaften besonders. Nach Platons Tod 347 vor Christus verlässt er Athen und übernimmt ab 342 vor Christus für drei Jahre die Erziehung des Prinzen von Mazedonien – der spätere Alexander der Große.

Nach seiner Rückkehr nach Athen eröffnet Aristoteles eine eigene Schule, an der er lehrt. Sein adliger ehemaliger Schüler unterstützt ihn finanziell, sodass eine große Sammlung an Büchern zustande kommt, die Aristoteles für seine eigenen Forschungen nutzt. Nach einigen ruhigen Jahren muss er Athen erneut verlassen; nach dem Tod Alexanders des Großen sind die Athener von der mazedonischen Herrschaft befreit und Aristoteles als Lehrer des Kriegsherrn fürchtet eine Anklage wegen Hochverrats. Er flieht auf die Insel Euböa, wo er bis zu seinem Tod 322 vor Christus bleibt.

Was Aristoteles hervorstechen lässt, ist die Vielfalt an Themen, denen er sich widmet. Er hat nicht nur großen Einfluss auf Disziplinen, er begründet sie teilweise sogar. Ob Logik, Biologie, Ethik, Physik, Theorie der Dichtung oder Staatslehre, zu allem hat Aristoteles etwas beizutragen. Er betrachtet als Erster wissenschaftliche Bereiche philosophisch. Naturwissenschaft und Lehren über das menschliche Wesen werden bei ihm miteinander verknüpft. Vernunft und Denkfähigkeit sind für ihn untrennbar vom Menschlichen, gleichzeitig sieht er Verbindungen zwischen Mensch, Tier und Pflanze. Wie die zwei großen Philosophen vor ihm, Sokrates und Platon, konzentriert er sich auf die Erziehung der Jugend, die von Tugend und Logik geprägt sein sollte.

Tabula Rasa & Tugendethik

Aristoteles‘ bekannteste Werke entstanden nach der Gründung seiner Schule in Athen, dem Lykeion. Er erfand den Begriff der Rhetorik, der Redekunst, und stellte Regeln für gutes Debattieren auf. Als Begründer der Logik wollte er genau festlegen, wie strukturiert gedacht und vermittelt werden sollte, wie Schlussfolgerungen aus Prämissen zu ziehen oder Generalisierungen aufgestellt werden sollten. Ein Beispiel für die aristotelische Denkkette sind die „Syllogismen", das sind Satzpaare, die zusammen betrachtet ein neues Ergebnis aufzeigen. Wer diese beiden Aussagen betrachtet – „Alle Tiere sind sterblich" und „Alle Pferde sind Tiere" –, kommt zu dem logischen Schluss: „Alle Pferde sind sterblich". Das ist die Wissenschaft der Logik.

Aristoteles widmete sich zudem der Naturlehre und untersuchte das Verhalten von Tieren. Tiere und Pflanzen analysierte er hinsichtlich ihrer Bedeutung für die Welt und verglich sie mit dem Menschen. Er kam zu dem Schluss, dass der Mensch das einzige Tier ist, das einen Verstand besitzt. Generell war Aristoteles ein großer Freund von Zusammenhängen und Systemen. Alle Lebewesen und Gegenstände versuchte er, in eine Ordnung einzuteilen, um sie besser verstehen und vergleichen zu können. Die Wirklichkeit könne man präziser erfassen, wenn man die Ursachen und Begebenheiten von Gegenständen und Lebewesen hinterfrage. Erstens gebe es die materielle Ursache, bei einem Tier etwa die Organe oder das Gewebe.

Dann gibt es Aristoteles zufolge eine Wirkursache, also eine Quelle für die Entstehung oder die Veränderung von etwas. Im Fall des Tieres wären das seine Eltern, die es zeugten. Die formale Ursache beschreibt Form und Art von etwas, bei einem Tier beispielsweise die Gattung „Giraffe". Schließlich gibt es noch die Zweckursache, die Funktion oder das endgültige Ziel von etwas. Bei der Giraffe kann das der angeborene Drang zur Entwicklung und Fortpflanzung sein. Bei Aristoteles hat also alles seine Ordnung, alles kann systematisch hinterfragt und logisch begründet werden. Auch so kann Erkenntnis erlangt werden.

Im Gegensatz zu Platon glaubte Aristoteles nicht an eine Ideenwelt hinter der sinnlich erfahrbaren Realität, die unser Weltbild und unser Verhalten prägt. Vielmehr war er davon überzeugt, dass der Mensch mit „leerer" Vernunft zur Welt kommt und sich diese wichtigste Eigenschaft erst im Laufe der Zeit und mit Zunehmen der Empfindungen und Sinneseindrücke entfaltet. Den Zustand des Neugeborenen ohne Vernunft vergleicht Aristoteles mit der *Tabula Rasa*, einer leeren Schreibtafel, auf die Eindrücke erst noch kommen müssen. Erfahrungen und Ideen können mit zunehmender Vernunft in Wissen umgewandelt werden. Diese Auffassung übernahmen später viele andere bedeutende Philosophen wie z. B. John Locke.

Ein weiterer bedeutender Teil von Aristoteles' Betrachtungen ist die Tugendethik. Entgegen manchen Auffassungen geht es dem Philosophen hierbei nicht um Gesetze, die vorschreiben, was ein Mensch in seinem Leben tun und lassen sollte, sondern um geistige Haltungen, die tugendhaftem Handeln zugrunde liegen. In diesem Sinne ist Aristoteles ein praktischerer Denker als sein Lehrer Platon. Er konzentriert sich nicht auf die Idee des Guten an sich, sondern vor allem auf eine tugendhafte innere Einstellung, welche das alltägliche Denken und Handeln bestimmt.

Die Tugendethik erlebt in den letzten Jahren ein echtes Revival in der Philosophie und wird zu den wichtigsten Lehren der Ethik gezählt. Wie bereits erwähnt geht es nicht um die Erläuterung von Verboten und Tugenden, sondern um die Kultivierung bestimmter Handlungsmotive, bei denen Moral zwar eine Rolle spielt, das glückliche Leben des Individuums aber im Vordergrund steht. Moralisches Empfinden hat ein tugendhafter Mensch praktisch schon inne, er handelt also intuitiv moralisch. Die Tugend kommt durch Übung und Gewöhnung in Form von festen Grundhaltungen und charakterlichen Eigenschaften zustande, die sich nach einem Sozialisierungsprozess entwickeln. Schlechte, unethische Handlungen werden gar nicht in Erwägung gezogen, wenn der tugendhafte Mensch vor einer Handlungsentscheidung steht.

Ein glückliches Leben

Um nun ein tugendhaftes und glückliches Leben zu führen, muss zunächst der Verstand des Menschen in Bestform sein. Im Gegensatz zum Tier kann er sein Handeln und sein Leben steuern und je besser seine Steuerungsmöglichkeit ausgebildet ist, desto leichter fällt ihm das Handeln. Für Aristoteles macht ein erfülltes Leben nicht lange anhaltendes Wohlbefinden aus, was man als Glück versteht, und auch Lust und Lebensfreude, die nicht nur Menschen empfinden können, sind nicht das Ziel im Leben. Lebensfreude und Glück sind nur die Symptome des glücklichen Lebens, die Ursache für das Wohlbefinden ist die Tugend der Seele, die praktische Vernunft, die der Philosoph kurz als „Klugheit“ bezeichnet.

Dabei handelt es sich nicht um Intellekt oder einen großen Wissensschatz, sondern um Lebensklugheit. Diese Lebensklugheit kommt durch Erfahrung und Kontakt mit verschiedenen Menschen zustande. Wer Erfahrungen und Weisheit sammelt, gewöhnt sich ein tugendhaftes, gemäßigtes, ethisches Handeln an, dem extremes Verhalten fremd ist. Die Grundlage für persönliches Wachstum ist die goldene Mitte zwischen zu viel und zu wenig, die individuelle Handlungssouveränität richtet sich daran aus. Das vernunftbestimmte und ausgeglichene Leben ist ein glückliches.

Zur Verdeutlichung ein Beispiel: Stellen Sie sich vor, jemand befindet sich in einer gefährlichen Situation und hat Angst. Wie sollte er sich verhalten? Das Vernünftigste wäre es, tapfer zu sein. Wenn die Person gar keine Angst hat, handelt sie schnell leichtsinnig und draufgängerisch, sie bringt damit sich und womöglich andere noch mehr in Gefahr. Überlässt sich die Person der Angst und den Sorgen komplett, wird sie wie gelähmt und reagiert ebenfalls nicht angemessen. Ist sie hingegen tapfer, entspricht ihr Verhalten der vernünftigen goldenen Mitte. Die Angst ist zwar noch immer da, aber weil die Person andere angsterweckende Situationen bereits kennt, lässt sie sich von ihr warnen, jedoch nicht leiten. Sie nimmt die Angst an und sieht das Positive in ihr – sie schützt vor Gefahr, macht reaktionsschneller und aufmerksamer –, bleibt aber trotzdem mutig. Jemand, der feige ist und beängstigenden Situationen aus dem Weg geht, macht keine Erfahrungen mit der Angst und verliert seine Handlungssouveränität. Ebenso macht eine Person keine wertvollen Erfahrungen, die die eigenen Ängste komplett ignoriert und leichtsinnig handelt.

Der Mensch muss also Erfahrungen sammeln und seinen Verstand benutzen, um das rechte Maß der Dinge zu finden. Ähnlich verhält es sich mit Genüssen und Lüsten. Hier ist die goldene Mitte die Besonnenheit. Weder das extreme Lustfrönen noch die komplette Verbannung von Freuden sind der richtige Weg, sondern Genießen in gesunden Maßen. Was das richtige Maß an Freude oder Tapferkeit in einer gegebenen Situation ist, kommt immer auf die Umstände und die eigene Persönlichkeit an. Die goldene Mitte sollte trotzdem immer oberstes Ziel sein. Zur Ethik des Aristoteles gehört, dass sie sich in dieser Hinsicht allgemein halten will, um praktisch zu bleiben. Jeder muss in seinem Leben oder in einer Situation selbst bestimmen, was das Gute ist und wie gutes Handeln aussieht, Aristoteles' Gedanken können nur Inspiration sein.

Und wieso ist das so? Weil es (leider) kein Rezept für ein glückliches Leben gibt und auch nie geben wird. Selbst ein großer Philosoph wie Aristoteles kann keine Regeln vorgeben, wo es keine gibt. Würde es solche Regeln geben, würden Menschen keine Erfahrungen sammeln und weitestgehend eine *Tabula Rasa*, ein unbeschriebenes Blatt, bleiben, und die Lebensklugheit würde sich nicht ausbilden. Die Klugheit braucht es jedoch, um sicher zu handeln und mit sich selbst im Einklang zu sein.

Aristoteles behauptete darüber hinaus, dass das Glück nicht am Ende, sondern am Rande des Weges zu finden sei, das heißt, in den alltäglichen Beschäftigungen. Wer in einer Situation realisiert, was es zu tun gilt, und daraufhin die richtige Handlung ausführt, lebt ein praktisch-tätiges Leben. Eine Lehrerin, die jeden Tag vor der Klasse steht und den Kindern voller Elan wichtige Dinge beibringt, oder ein Busfahrer, der seiner Tätigkeit gewissenhaft und mit Freude nachgeht, lebt auf diese Weise. Das praxisorientierte Leben bringt Aristoteles nach das meiste Glück, da dadurch eine intrinsische Motivation und eine Freude aus dem Inneren entstehen. Die Personen finden die Freude nicht in Form eines Lohnes oder übermäßiger Wertschätzung (auch wenn diese Dinge natürlich auch zu Glück beitragen, jedoch nur kurzfristig), sondern im Ausführen kluger, tugendhaft-nachhaltiger Handlungen. Das Glück liegt in der Tätigkeit selbst bzw. in der Situationsangemessenheit und in der Lebensklugheit, die zu ihr gehören.

Strebt jemand mit seinen scheinbar tugendhaften Handlungen einen Zweck an, der außerhalb der Tätigkeit liegt, etwa Geld oder Ruhm, bleibt das Glück dieser Logik nach aus. Die Person kann nicht wahrhaft glücklich werden, weil sie unterbewusst in den eigenen Handlungen keine Lebensklugheit und Ehrlichkeit erkennen kann, und weil sie nur auf das Ziel, den Lohn, konzentriert ist. Von einem kurzen Rausch der Erfüllung des Ziels geblendet, rennt die Person dem Glück hinterher und sucht nach immer weiteren kurzen Glücksmomenten in Form von Anerkennung oder materiellen Gütern.

Sie kann keine Erfüllung in der richtigen Handlung und im klugen Tätigsein finden, weshalb sich das Glück nicht einstellt. Es kann erst kommen, wenn die Tugenden nicht als Mittel für das ultimative Ziel „Glück" ausgeführt werden, sondern wenn sie aus sich heraus Beweis einer gelungenen, klugen Lebensführung sind.

Aristoteles heute

Da Aristoteles sehr auf die praktische Anwendung seiner Lehren bedacht war, lassen sich gewinnbringende Lektionen in das heutige Leben integrieren. Seine Gedanken über richtiges Handeln, Glück und das Zusammenleben von Menschen bekommen in jüngster Zeit zurecht wieder viel Aufmerksamkeit. Wenn wir ehrlich mit uns sind, rennen wir dem Glück bzw. den Dingen, die wir unter Glück verstehen, ziemlich oft hinterher. Teilweise blind, ohne wirklich zu wissen oder zu hinterfragen, was uns tatsächlich glücklich macht und warum. Befeuert wird dieses Verhalten noch von der Konsumgesellschaft, in der wir leben. Alles muss immer noch höher, schneller und weiter gehen, wer heute das aktuelle Smartphone hat, will nächstes Jahr schon wieder ein neues. So gut wie niemand kann sich dieser Einstellung entziehen. Vielleicht ist es für den einen ein teures Auto, für den anderen Schuhe einer Luxusmarke, für wieder einen anderen der Urlaub auf den Malediven. **Dabei lassen wir zwei Dinge außer Acht.**

Erstens: Das Glück, das wir durch diese Dinge bekommen, ist in der

Regel nur von kurzer Dauer. Ein schneller Dopamin-Schub, der unserem Gehirn suggeriert, dass wir gerade vor Freude platzen könnten. Das Glücksgefühl erhöht sich noch, wenn wir anderen unsere neue Errungenschaft präsentieren und zeigen können, wofür wir hart gearbeitet haben. So schnell, wie es kommt, ist das Glück aber auch wieder weg. Wir gewöhnen uns schnell an neue Gegenstände und Situationen und irgendwann ist der einstige Grund für große Freude etwas ganz Normales geworden. In der Folge machen wir uns auf die Suche nach einer neuen Sache, die uns zufriedenstellt, wenn auch nur für kurze Dauer. Wir jagen dem Glück hinterher und können es doch nie ganz fassen.

Zweitens: Wir stellen das Objekt der Begierde nicht infrage und übernehmen die Glückssymbole, die uns vorgelebt werden. Social Media spielen hier eine große Rolle. Wir leben in einer visuellen Kultur, in der mehr über Bilder und Videos kommuniziert wird als über Schrift. Auf Apps wie Instagram, YouTube oder Pinterest lassen wir uns von vielen Bildern berieseln, die unser Denken und unser Verhalten unterbewusst verändern.

Wenn wir glückliche Menschen sehen, die am Strand gemütlich einen Drink schlürfen oder mit einem neuen Luxusgegenstand posieren, prägt sich dieses Bild von Freude in unser Gehirn. Wir denken: Das passt zu einem glücklichen Leben. Ich muss nur härter arbeiten, dann kann ich mir diesen Traum auch erfüllen. Doch das ist ein Trugschluss. Haben wir die Überstunden gemacht, gespart und den Urlaub endlich gebucht, freuen wir uns darauf. Wir haben im Internet viele fantastische Bilder gesehen und steigern uns in eine Art Glücks-Fantasie hinein. Sind wir dann da, beschleichen uns Zweifel. Sieht es hier wirklich so schön aus wie auf den Fotos? Sind wir glücklich oder in Wahrheit nur gestresst? Mögen wir den Strand überhaupt? Wären wir nicht lieber in die Berge gefahren? Die Zweifel werden zur Seite gewischt. Es ist doch Zeit, glücklich und entspannt zu sein, oder nicht?

Aristoteles lehrt, dass solche außerhalb der eigenen Tätigkeit liegenden Ziele und Belohnungen kein echtes, nachhaltiges Glück hervorrufen. Die

Bilder, die der moderne Mensch von Glück und Erfolg entwirft, entsprechen schlicht nicht der Realität. Durch den Kapitalismus wird uns suggeriert, dass wir nur hart arbeiten müssen, damit wir uns die Dinge leisten können, die uns glücklich machen. Aristoteles plädiert dafür, in der Arbeit und in den sonstigen täglichen Handlungen selbst Glückseligkeit zu finden, genauer gesagt in dem Umstand, dass wir zu rechtem Handeln, zu Erfahrungen und zu Lebensklugheit fähig sind.

Das Glück und die Handlungssouveränität kommen dann von ganz allein. Das bedeutet nicht, dass wir uns nie wieder etwas Schönes kaufen sollten, das wir uns schon lange wünschen. Es bedeutet, unser Glück nicht von solchen Dingen abhängig zu machen, sondern sich vor allem am Alltäglichen zu erfreuen. Passend dazu ein Zitat des amerikanischen Schriftstellers und Philosophen Henry David Thoreau:

> *„Glück ist wie ein Schmetterling: Je mehr du es jagst, desto mehr wird es sich dir entziehen. Richtest du deine Aufmerksamkeit jedoch auf etwas anderes, wird es sich von selbst sanft auf deiner Schulter niederlassen."*

Eine weitere wertvolle Lehre Aristoteles' betrifft das Ansammeln von Wissen. Aristoteles war davon überzeugt, dass wir durch Logik das Wissen ordnen und so die Wirklichkeit besser erfassen können. Das gilt nicht nur für wissenschaftliche Arbeiten über Tiere und Pflanzen, sondern auch ganz allgemein für unübersichtliche Situationen. Wenn wir uns in einer brenzligen Lage befinden oder uns für oder gegen etwas entscheiden müssen, fühlen wir uns schnell überfordert und wie gelähmt. Manchmal ist es sogar egal, wie alt wir sind oder wie viel Erfahrung wir haben, das richtige Handeln fällt uns trotzdem schwer und selbst unser Bauchgefühl kann uns verlassen. In einem solchen Fall ist es das Beste, Logik und Verstand einzusetzen, um so viele Informationen über die Handlungsalternativen zu sammeln wie möglich, sich also einen Überblick zu verschaffen.

Wie sieht die Situation konkret aus? Was hat dazu geführt? Was kann ich selbst tun? Welche konkreten Folgen hätte die eine oder die andere

Handlung? Wie habe ich mich in der Vergangenheit bei einem ähnlichen Problem entschieden? Kann ich mich an jemanden wenden? Wieso fühle ich mich ausgerechnet jetzt überfordert, was kann ich dagegen tun? Hilft mir der Austausch mit anderen oder eine stille Minute mit mir selbst gerade mehr?

Durch die Beantwortung dieser Fragen kann die Realität besser erfasst werden. Sobald sich die Gedanken ordnen, schwindet das Panikgefühl und der Verstand kann arbeiten, um die beste Lösung zu finden. Emotionen sind leider oft Katalysator für unbedachtes und reflexartiges Handeln. Durch Informationssammlung und Anwendung der Lebensklugheit hingegen werden Entscheidungen gefällt, die sich auch noch im Nachhinein rationalisieren und nachvollziehen lassen.

Und was, wenn eine Entscheidung am Ende doch der falsche Weg war? Dann sollten wir uns an Aristoteles‘ Theorie der *Tabula Rasa* erinnern. Am Anfang sind wir alle unbeschriebene Blätter, auf die mit jeder neuen Erkenntnis und mit jeder neuen Erfahrung mehr Eindrücke kommen. Fehler und negative Erlebnisse sind ebenso Erfahrungen wie glückliche Momente. Wir sollten akzeptieren, dass jede Form von Erfahrung eine Bereicherung ist, wenn wir aus ihr lernen. Schließlich wären Sie nicht die Person, die Sie heute sind, hätten Sie nicht alle guten wie schlechten Erfahrungen Ihres Lebens gesammelt.

Auch wenn Sie sich im Moment einer innerlichen oder äußerlichen Krise schwach fühlen, erkennen Sie im Nachhinein meist, dass es sich in Wahrheit um einen nötigen Wendepunkt gehandelt hat. In Zeiten von Rückschlägen und Pech wachsen Menschen immer am meisten und beweisen, ob sie ihre bis dahin gesammelte Lebensklugheit anwenden können, um es aus der schlimmen Zeit herauszuschaffen. Sie können sich gar über die negative Erfahrung freuen, weil es sie resilienter und stärker für die nächste Krise gemacht hat, die unweigerlich kommen wird, weil das ganze Leben ein Auf und Ab ist.

Zum Schluss noch ein kurzer **Exkurs in Aristoteles' Staatstheorie**, die sich von der seines Meisters Platon deutlich unterscheidet. Während Platon einen Idealstaat erdachte, war Aristoteles erneut praktischer und analysierte die tatsächliche Politik seiner Zeit. Er erkannte, dass der Mensch eine politische Gemeinschaft braucht, um sich ganz entfalten zu können, und bezeichnete ihn deshalb als *Zoon Politikon.* Trotzdem haben Menschen unterschiedliche Auffassungen davon, wie die beste politische Ordnung aussieht, weshalb in einer Verfassung ein gerechter Mittelweg gefunden werden müsse.

Die beste Verfassung ist Aristoteles nach eine gemäßigte Demokratie, in welcher nur wenige Einschränkungen im Wahlrecht gegeben wären und in der hohe politische Ämter per Wahl vergeben werden würden. Die sozialen Unterschiede und Interessengegensätze zwischen Arm und Reich sollten ausbalanciert werden, der Mittelstand in der Bevölkerung sollte so groß wie möglich sein. Diese Ideen bilden heute wie vor 2000 Jahren wichtige Grundsätze einer gerechten Demokratie, in der Experten politische Entscheidungen treffen und sich die Bevölkerung in einer gerechten Gesellschaft voll entfaltet und ihr ganzes Potenzial nutzt.

IV. KANT

Jeder hat wohl schon einmal den Ausspruch „Habe den Mut, dich deines eigenen Verstandes zu bedienen" gehört. Er ist nur einer von vielen Sätzen aus der Feder Immanuel Kants, die seine Zeit überdauert haben. Kant gilt als Vater der Aufklärung und als einer der einflussreichsten Denker der praktischen Philosophie. Seine Gedanken hielt er vor allem in der Schrift „Kritik der praktischen Vernunft" fest, die 1788 erschien.

Kurzbiografie

Am 22. April 1724 wird Immanuel Kant in Königsberg geboren. Damals konnte noch niemand ahnen, dass er seine Heimatstadt in Ostpreußen fast sein ganzes Leben lang nicht verlassen und dennoch zahlreiche Theorien über die Welt aufstellen würde, die zu Revolution und Umbrüchen führen würden. Im Alter von 16 Jahren beginnt er, an der Albertus-Universität in Königsberg zu studieren und seinen Wissensdurst nach Philosophie und den Naturwissenschaften zu stillen.

Nach dem Tod seines Vaters arbeitet Kant als Hauslehrer im heutigen Nordwestrussland und in Polen, bevor er 1754 wieder nach Königsberg zurückkehrt, sein Studium beendet und als Lehrer tätig wird. Er unterrichtet unter anderem Moralphilosophie, Logik und Theologie und bekommt später eine Stelle als Professor an der Universität. Faszinierend sind seine eiserne Disziplin und die getaktete Alltagsroutine, die er über Jahrzehnte nicht verändert.

Um Viertel vor fünf lässt er sich wecken, nach zwei Tassen Tee und einer Pfeife bereitet er sich auf den Unterricht vor, ab neun Uhr denkt er bis 15 Minuten vor eins intensiv nach. Nach dem Mittagessen steht Lesen auf dem Plan sowie ein Spaziergang. Um zehn Uhr abends geht Kant schlafen und am nächsten Tag beginnt alles erneut. Eine Frau hatte er nie, er galt als schüchterner und zurückgezogener Mann. Diese ereignislose Routine erlaubte es ihm wohl, sich hauptsächlich seinen philosophischen Überlegungen zu widmen. Im Jahr 1781 erscheint sein wichtigstes Werk, die „Kritik der reinen Vernunft“. Der Erkenntnistheorie nach sucht er nach Antworten auf vier essenzielle Fragen der Philosophie: Was ist der Mensch? Was kann ich wissen? Was soll ich tun? Was darf ich hoffen?

Weil Kant dazu aufruft, Verantwortung für sich selbst und sein eigenes Handeln zu übernehmen, gilt er als Vordenker der Aufklärung. In seinen Schriften wendet sich Immanuel Kant auch gegen die Kirche, indem er behauptet, dass es keinerlei Beweise für Gott gäbe und die Menschen frei denken sollten. Das bringt ihm Kritik streng Gläubiger ein, die seine Werke verbieten wollen. Kant beeindruckt das jedoch kaum und er schreibt immer weiter über seine Überzeugungen. Mit 80 Jahren stirbt er 1804 in Königsberg. Seine Gedanken darüber, was der Mensch ist und wie er leben sollte, beeinflussten zahlreiche Generationen nach ihm.

Der Mensch als Sinneswesen und Verstandeswesen

Wie sieht Kants Lehre vom Menschen aus? Zentral ist auch für ihn die Vernunft des Menschen, die ihn zwar anderen Wesen überlegen macht, ihn aber auch dazu zwingt, komplexere Emotionen wie Trauer oder Hoffnung zu ertragen. In vielerlei Hinsicht ist der Mensch für Kant ein Geschöpf der Mitte; er existiert nicht seit jeher, die Erde war vor ihm da und wird ihn wohl überdauern. Er ist größer als manche Tiere, als Moleküle und Bakterien, lebt aber inmitten des Alls, umgeben von größeren Planeten. Er hat Kontrolle über sich und seine Umwelt, viele Dinge kann er aber nicht kontrollieren. Der Mensch ist mächtig, aber nicht göttlich.

Der Hauptgrund für seine Macht ist sein höchstes Gut, der Verstand. Dieser hat allerdings Grenzen, schon wenn es darum geht, die Realität zu begreifen. Kant zufolge kann der Mensch die Wirklichkeit objektiv nicht wirklich erfassen, da sich die in ihr befindlichen Gegenstände aus der Form seiner Erkenntnis ergeben. In dieser Hinsicht ähnelt Kants Vorstellung der Ideenlehre Platons. Vorstellungen über Zeit und Raum bringt er in die Interpretation der Wirklichkeit selbst hinein, diese Konzepte würden aber unabhängig von ihm gar nicht bestehen. Der Mensch ist Bürger zweier Welten, weil er ein Sinnenwesen ist, das den Gesetzen der Natur unterworfen ist, und gleichzeitig auch ein Verstandeswesen. Weil er ein Verstandeswesen ist, fragt er sich nach den für sein Handeln geltenden Grundsätzen und will möglichst gut handeln. Die Grundsätze stammen keineswegs von einem Gott oder einem Schöpfungsplan, sondern finden sich in der praktischen Vernunft selbst. Für alle Menschen gibt es nach Kants Überzeugung moralische Normen, die für jeden verbindlich sind.

Kategorischer Imperativ

Womöglich haben Sie dieses Sittengesetz von Immanuel Kant schon einmal gehört: „Handle nur nach derjenigen Maxime, durch die du zugleich wollen kannst, dass sie ein allgemeines Gesetz werde."

Das ist der kategorische Imperativ, mit dem Kant Handlungen und Handlungsmöglichkeiten ihrer Moralität nach beurteilt. Kants kategorischer Imperativ ist, wie andere Aussprüche praktischer Philosophen, die Sie bis jetzt kennengelernt haben, eher vage und sagt nicht konkret, welche Handlungen wir als für ein allgemeines Gesetz geeignet halten sollen. Das Moralgesetz legt fest, nach welchem Prinzip wir den eigenen Willen bestimmen sollen, aber nicht, wie das in einer konkreten Situation auszusehen hat.

Die Willensethik schreibt nicht genau vor, unter welchen Umständen ein Wille gut ist. Wird eine Handlung auf ihre Moral hin untersucht, besieht Kant daher das Vermögen, zu wollen, und den Willen der Handlung an sich. Mit „Willen" ist kein innerlicher Trieb des Menschen gemeint, obwohl in ihm Begierden und Neigungen enthalten sein können. Diese determinieren den Willen aber nicht, weil er zur praktischen Vernunft des Menschen gehört und es dem Menschen ermöglicht, seinem Handeln einen Zweck zu geben. Mit der „Maxime des Willens" meint Kant sozusagen einen Leitgedanken, den man im Sinn hat, wenn man eine bestimmte Sache oder Tätigkeit anstrebt, ohne vom Weg des rechten Handelns abzukommen.

Kant vertritt neben der Willensethik auch die Pflichtethik. Ein Wille kann nicht schon dann gut sein, wenn das Ziel die bloße Erfüllung einer Pflicht ist. Kant spricht von „Legalität", wenn er pflichtgemäßes Handeln beschreibt. Ein Fußgänger z. B. handelt pflichtgemäß, wenn er am Zebrastreifen auf das Halten der Autos wartet und dann die Straße überquert. Dieses Handeln wird unterschieden vom „Handeln aus Pflicht", diesen Akt bezeichnet Kant als „Moralität". Bei der Moralität hat der Handelnde eine Motivation, die hinter seiner Tätigkeit steht. Die Motivation ist kein Gefühl oder eine Neigung, wie etwa Mitleid, sondern das moralische Gesetz – die Pflicht.

Darüber hinaus plädiert Kant für ein „unbedingtes Sollen", das eine ideale Handlungsweise vorgibt. Dieses Sollen darf aber nicht von etwas abhängen, wie der Existenz eines Gottes oder Klugheitserwägungen, es muss eben von nichts bedingt sein.

Ein Beispiel für eine Sollensethik, die dem nicht entspricht, ist die christliche Pflichtethik. Hier gibt es Gebote wie „Du sollst nicht stehlen“, die zwar nützlich sind, aber auch angreifbar, weil sie von der Religion abhängig sind. Der kategorische Imperativ verlangt nach Allgemeingültigkeit und festen Prinzipien, die an nichts Externes gebunden sind und zu moralischem Handeln aus dem eigenen Willen heraus führen.

Der kategorische Imperativ wird oft verwechselt mit der goldenen Regel: „Was du nicht willst, das man dir tut, das füg‘ auch keinem andern zu.“ Es gibt Ähnlichkeiten, grundsätzlich unterscheiden sich die beiden Prinzipien aber darin, dass die goldene Regel das individuelle Interesse von Menschen bedenkt und auf das jeweilige Gegenüber projiziert, während der kategorische Imperativ komplette Widerspruchsfreiheit und eine für alle geltende Gesetzgebung anstrebt.

Ein einfaches **Beispiel**: Stehlen bedeutet, jemandem unerlaubt etwas wegzunehmen, das einem selbst nicht gehört. Wenn der kategorische Imperativ auf Stehlen angewandt wird, lautet die Frage: „Sollte Stehlen in der allgemeinen Gesetzgebung erlaubt sein?“ Das würde bedeuten, dass es allen gestattet ist, anderen Leuten einfach so etwas zu entwenden. Das wäre aber widersprüchlich, das Gesetz hätte Angriffsfläche. Denn würden wir es zur Maxime des Willens und zur allgemeinen Gesetzgebung machen, dass Stehlen erlaubt ist, würden sich die Vorstellung von Eigentum und der Sinn von Stehlen aufheben. Durch diesen Widerspruch kann Stehlen in der kantschen Denkweise als unmoralisch klassifiziert werden. In die Beurteilung spielt nicht hinein, dass bestohlene Personen Schaden nehmen und sich schlecht fühlen würden, es wird also nicht die goldene Regel verwendet. Diese ist trotzdem ein guter Grundsatz für menschliches Zusammenleben.

Kants Regeln sind ein gutes Beispiel für ein Problem der praktischen Philosophie, das in den folgenden Jahrhunderten noch zuhauf angesprochen werden wird: die praktische Umsetzbarkeit der Pflichtethik. Es gilt als unmoralisch, zu lügen. Würden alle Lügen kategorisch verboten sein und wäre dieses Verbot im Willen der Menschen fest verankert, wären auch Notlügen verboten. Was tun, wenn man von einem bewaffneten Mann aufgesucht und von ihm harsch gefragt wird, wo sich der Nachbar befindet? Sollte man seinen Nachbarn wirklich in Gefahr bringen, indem man ehrlich antwortet und dem Bewaffneten sagt, wo er sich gerade befindet? Und was wäre zu tun, wenn man am Wegesrand ein verletztes Tier findet, aber mit einem Freund verabredet ist und fest versprochen hat, pünktlich da zu sein? Der kategorische Imperativ schließt situatives Abwägen und Handeln aus.

Kant heute

Kurzgefasst: In der kantischen Ethik liegt der Fokus ganz auf der Absicht des Handelns, des Willens, und nicht auf den zu erwartenden Folgen. Deshalb ist es eine Willens- und eine Pflichtethik, denn das Ziel ist es, den moralischen Pflichten ihrer selbst willen zu folgen und nicht aus anderen, egoistischen Gründen. Die Pflichten sind dabei nicht an Externes gebunden, sie sind allgemeingültig und universell. Das macht es schwer, in Situationen abzuwägen und generelle Gesetze auf moralische Weise anzuwenden.

Kants Philosophie bleibt dennoch aktuell und einflussreich. Sein zentraler Fokus ist der Verstand des Menschen und der Mut zur Mündigkeit. Selbstständiges Denken ist der Schlüssel zu mehr Erkenntnis und Weisheit, politische oder religiöse Ideen sollten nie kritiklos übernommen werden. Unsere gesamte Gegenwart baut zu großen Teilen auf dieser Überzeugung von individueller Mündigkeit auf.

Wir sind nicht mehr von einem Landherrn abhängig, dem wir Abgaben zukommen lassen müssen und der uns jede Entscheidungsmacht nimmt. Wir sind eigenständig denkende Wesen, die in der Lage sind, sich über Situationen zu informieren, sich weiterzubilden und sich dann eine eigene

Meinung zu bilden. Das Gleiche gilt für moralische Grundsätze. Wir sollten aus eigener Überzeugung moralisch handeln und stets überprüfen, ob unser Handeln widerspruchsfrei ist. Obwohl das selten zu hundert Prozent der Fall sein wird, sollten wir doch danach streben, uns so widerspruchslos ethisch wie möglich zu verhalten. Dafür müssen Positionen und Optionen realistisch abgewägt werden.

Viele wissen gar nicht, dass Kants Moralphilosophie die Grundlage für unsere Vorstellung von Menschenwürde und Menschenrechten ist. Kant war davon überzeugt, dass wir es durch den Willen und durch unser Wissen um ethische Grundsätze alle in uns haben, zu entscheiden, was das Richtige ist.

Wir wissen um moralische Verantwortlichkeit und Verpflichtungen, die wir unseren Mitmenschen gegenüber haben. Die Basis des kategorischen Imperativs besteht darin, dass alle Menschen auf gleiche Weise zu respektieren und wertzuschätzen sind, sonst würde es keinen Sinn ergeben, sich auf „allgemeine Gesetze“ zu beziehen. Diese funktionieren nämlich nur im gemeinsamen Konsens, dass sich auch alle an sie halten. Es braucht Vertrauen in die eigenen Handlungen und in andere Menschen, die ebenso wie man selbst einen inneren Willen zum moralischen Handeln haben.

Die Realität sieht leider so aus, dass nicht allen Menschen eine menschenwürdige Existenz gewährt wird. Kants Ethik verlangt, dass Bedingungen erschaffen werden, die das garantieren. Wer vernünftig denkt und sich durch seinen Verstand Vorteile verschafft, steht auch immer in der Verantwortung, den Verstand für eine bessere Welt einzusetzen.

Nach der Pflichtethik zu handeln, ist realistisch gesehen zwar nicht widerstandslos möglich; der Ansatz, die eigenen Handlungen nach dem kategorischen Imperativ zu hinterfragen, würde in der heutigen Welt aber einen sehr positiven Einfluss haben. Oft werden oberflächliche, radikale Urteile gefällt, die sich beim näheren Hinsehen sofort als unlogisch entpuppen und trotzdem bedenkenlos übernommen werden. Kant fordert eine „erweiterte Denkungsart“, bei der das Für und Wider betrachtet werden, man sich besseren Argumenten beugt und mit dem Denken nicht mutwillig aufhört, sobald es schmerzlich wird und der eigene Komfort bedroht ist. Sie können Kants Lehren sehr direkt in Ihr tägliches Denken einbauen und die Formel des kategorischen Imperativs anwenden.

War Ihr Handeln heute widerspruchsfrei und moralisch? Wollten Sie, dass in Ihrer Position alle so gehandelt hätten, es also ein allgemeines Gesetz sein könnte? Oder sah die Situation so aus, dass spontanes Handeln gefragt war? Mündigkeit beweisen Sie, indem Sie sich auch den unbequemen Fragen stellen und Ihre Emotionen für einen Moment zur Seite schieben, wenn es um wichtige Entscheidungen geht, um zuerst logisch und praktisch alle Optionen zu betrachten. Neben den Folgen Ihrer Handlungen gilt es auch, Ihre eigene Motivation zu hinterfragen.

V. SCHOPENHAUER

Arthur Schopenhauer sah sich selbst als Schüler Immanuel Kants, der seine Lehren weiter ausbildete und vollendete. Auch er stellte sich den großen Fragen danach, was das Ich ist, was die Welt ist und wie Welt und Ich miteinander zusammenhängen. Weitreichend und vielseitig war Schopenhauers Einfluss ab der zweiten Hälfte des 19. Jahrhunderts, besonders die Psychologie fand Gefallen an seinen Theorien. Doch auch Künstler wie Thomas Mann oder Richard Wagner ließen sich von ihm inspirieren.

Kurzbiografie

Am 22. Februar 1788 kommt Arthur Schopenhauer in Danzig auf die Welt. Die Familie zieht kurz darauf nach Hamburg, wo Schopenhauer eine Lehre als Kaufmann beginnt und eine Privatschule besucht. Nach dem Tod des Vaters entscheidet er sich jedoch gegen die Kaufmannskarriere und fängt 1809 in Göttingen sein Medizinstudium an, zwei Jahre später wird es dann doch das Philosophiestudium in Berlin. 1818 verbreitet Schopenhauer erste Schriften über seine Theorie, dass die Welt eine reine Vorstellung des Menschen sei und dass allein sein Wille die Welt ausmache.

Große Resonanz finden seine eher pessimistischen Ideen nicht, Anerkennung folgt großflächig erst ein paar Jahre später. In der Zwischenzeit macht Schopenhauer zwei mehrmonatige Italienreisen und tritt in Berlin eine Professur für Philosophie an. 1831, nach Ausbruch der Cholera in Berlin, zieht er nach Frankfurt am Main und arbeitet dort als Privatgelehrter. Er veröffentlicht weitere Werke und bekommt 1839 eine Auszeichnung der Königlich-Norwegischen Societät der Wissenschaften. Im September 1860 stirbt Arthur Schopenhauer im Alter von 72 Jahren.

Trotz mäßigem akademischem Erfolg zu seinen Lebzeiten hatte Schopenhauer in den folgenden Jahrhunderten großen Einfluss. Er faszinierte andere besonders, weil er von traditionellen philosophischen Themen abwich und noch praktischer danach fragte, was das Leben an sich ist, warum wir leiden und wie sich das Leiden mindern lässt. Obwohl Schopenhauer vielen seiner Zeitgenossen und auch dem spät eintretenden Ruhm abgeneigt war, wurde er für die Moderne eine wichtige Figur. Von Kafka und Tolstoi über Joseph Conrad, Beckett oder Nietzsche – sie alle kannten und schätzten ihn.

Nur der Wille zählt – Willensphilosophie

Aufsehenerregend war Schopenhauers Theorie, dass die Welt auf einem irrationalen Prinzip beruht. In seinem Hauptwerk von 1818, „Die Welt als Wille und Vorstellung“, erklärt er, dass unsere Welt nicht aus Materie gebildet ist und dass auch der Geist nicht die Grundlage der Realität ist, sondern nur der Wille. „Wille“ ist hier ein metaphysisches Prinzip, das über den Menschen hinaus alles einschließt und auch mit „Vitalität“ übersetzt werden kann, es ist der „Wille zum Leben“. Dieser Wille steht außerhalb von Raum und Zeit, er ist die Grundlage der Realität. Die „Vielheit“ von Objekten kommt erst durch Raum und Zeit zustande. Hier lässt sich eine Parallele zu Platons Ideenlehre ziehen, denn der Wille ist nötig für die Objektwerdung ewiger Ideen.

Noch vor Darwin stellt Schopenhauer fest, dass alles Lebende zum

Dasein drängt. Das Leben ist an sich kaum lebenswert, doch trotzdem nehmen wir Verfall, Leiden und Vergänglichkeit als Ergebnis unserer Anstrengung hin, es zu erhalten. Wir gehen sogar noch weiter und zeugen uns fort, um die Existenz des Lebens zu sichern. Die nächste Generation ist dann erneut leidend und lebend, um die wieder nächste zu garantieren.

Aus diesem sinnlosen Kreislauf brechen wir nicht aus, weil wir durch den Willen verblendet werden und ihn so nicht erkennen. Die einzelne Person spricht dem eigenen Handeln, Wollen und Existieren immer die höchste Bedeutung zu; in Wahrheit ist sie ein kleines, nur vorübergehend benötigtes Rädchen im riesigen Uhrwerk der Naturgeschichte. Der Wille ist vor allem durch ewiges Streben definiert und er kommt nie an seinem Ziel an, er kann nie befriedigt werden und kein Glück erreichen. Trotz der Illusion, die durch den Lebenswillen entsteht, wird das Leben zum Leiden, das erst mit der Willenszerstörung endet. Durch unser Verlangen danach, trotz Leiden zu leben, werden wir verblendet. Sinnbildlich für diese Verblendung stellt Schopenhauer sarkastisch die Idee der Liebe dar, die eigentlich nichts anderes ist als Fortpflanzungswille zur Erhaltung der eigenen Gattung. Die Kultur beschönigt diesen Fakt mit Illusionen und Verkleidungen reiner Liebe, wodurch der Zweck befördert wird.

Schopenhauer beschreibt zwei Wege, wie wir aus dem triebhaften Leben ausbrechen können. Dafür müssten wir für eine Verneinung des Willens bereit sein und erkennen, dass uns dieser zum Dasein drängt, obwohl es objektiv betrachtet keinen Grund gibt, für ein wenig Leben so sehr zu leiden. Der zweite Weg ist die Kunst. In den Sphären von Musik, Farben und Worten gibt es kein Leben und Leiden, die Lebensvorgänge werden hier nur nachgebildet. Die höchste Form der Willensverneinung sieht Schopenhauer in der Askese, wie sie im Buddhismus gelehrt wird. So kann das Leid vollständig überwunden werden.

Schopenhauers Willensphilosophie scheint harsch und hoffnungslos, weil sie es ist. Dem Philosophen nach ist das Streben nach Glück ein Irrtum des Menschen, der ihn ebenso blendet wie der Wille, sein Leben trotz Leid so lang wie möglich zu führen. Aus dieser negativen Grundeinstellung zieht Schopenhauer aber nicht nur Schlechtes. Es sei doch besser, erträglich zu leben, was bedeutet, so wenig unglücklich zu sein wie möglich.

Mitleid als Grundlage für Moral

Bekannt wurde Schopenhauer neben der Willensphilosophie für seine „Aphorismen zur Lebensweisheit“, die 1851 erschienen. In ihnen beschreibt er die begrenzten Möglichkeiten des Menschen, die aber nicht zu verachten seien, da sie selbst im naturgegebenen, allgemeinen Unglück des Lebens und Leidens noch Hoffnung auf privates Glück bieten. Diese Philosophie fand Anklang in einer Zeit, in der die Religion ihre sinnstiftende Eigenschaft mehr und mehr verlor, das bürgerliche Leben dafür mit wachsender Modernisierung angenehmer wurde. Obwohl Schopenhauer die Suche nach Glück als nutzlose Illusion betrachtet, sieht er den Schlüssel für ein glückliches Leben (bzw. eines, das so wenig unangenehm wie möglich ist) in der Persönlichkeitsentwicklung und der Arbeit am eigenen Charakter, womit er von anderen praktischen Philosophen nicht allzu weit entfernt ist.

Ein weiterer wichtiger Begriff ist das Mitleid, das laut Schopenhauers Willensmetaphysik die Grundlage von Moral ist. Der Philosoph gilt sogar als einer der größten Theoretiker des Mitleids, welches er als ursprüngliche Empfindung beschreibt, die alle zu Leid fähigen Lebewesen miteinander verbindet. Die Fähigkeit zum Mitleid beruht auf Identifikation; was lebt und leiden kann (denn alles, was lebt, leidet), kann sich mit anderen Wesen identifizieren, ihr Leid also zumindest bis zu einem gewissen Grad nachempfinden. Dadurch entsteht das Mit-Leiden, das Gegenteil des Egoismus.

Mitleid ist nach Schopenhauer unabdingbar, wenn ein Weg zur Willensverneinung gefunden werden will. Denn es bringt die Einsicht mit sich, dass jedes einzelne Lebewesen ein Leben als Leidendes führt. Der Mensch erfährt die Erkenntnis eines fremden Leidens, was durch das eigene, vertraute Leiden bekannt wird. Wie bereits erwähnt, sieht Schopenhauer die idealistischen Vorstellungen von Liebe nur als Täuschung, die der

Fortpflanzung und damit dem Egoismus dient. Das Mitleid aber sei die einzige wahre Form der Liebe.

Er geht noch einen Schritt weiter: Das Mitleid ist am Ende immer auf Selbstmitleid zurückzuführen, eben wegen der sich vollziehenden Identifikation beim Ansehen fremden Leids. Wenn wir z. B. ein leidendes Tier oder einen leidenden Menschen sehen und weinen, tun wir das Schopenhauers Meinung nach, weil wir uns im Kopf an die Stelle des leidenden Wesens versetzen und Mitleid mit uns selbst empfinden. Einen Schritt aus diesem Mechanismus können wir machen, indem wir unser Mitleid erweitern und im Leid nicht nur unser eigenes, sondern das kollektive der ganzen Welt erkennen. Wie unser eigenes Mitleid sollten wir das Mitleid der Welt nicht nur empfinden, sondern es auch als Essenz erkennen, die unser innerstes Wesen ausmacht.

Im Gegensatz zu Kants Ethik behauptet Schopenhauer, dass man dem Menschen nicht vorschreiben kann, wie er moralisch handeln muss. Er stellt infrage, ob es in der echten Welt überhaupt Taten gibt, die echten moralischen Wert haben, weil sie gänzlich von Egoismus befreit sind. Die einzige moralische Motivation für eine solche Handlung sieht er im Mitleid, das unleugbar zum menschlichen Wesen gehöre. Die beste Form hat das Mitleid, wenn es nicht einfach nur ein Gefühl ist – auch wenn das die Basis des Prozesses ist –, sondern auch eine erweiterte Form der Erkenntnis, also mit Vernunft verbunden. Mehr als um eine Handlungsmaxime handelt es sich bei Schopenhauers Mitleidsethik demnach um eine innere Haltung.

Schopenhauer heute

Die Frage, ob wir in der heutigen Zeit noch von Schopenhauer lernen können, ist berechtigt, wenn man an die eher pessimistischen Grundzüge seiner Philosophie denkt. Obwohl seine Ideen größtenteils von einer negativen Einstellung gegenüber dem Leben geprägt sind, gibt es doch auch Aspekte, die nach wie vor aktuell sind.

Seine Mitleidsethik z. B. wird bei heutigen Debatten über Veganismus und Massentierhaltung immer wieder zitiert, er wird teilweise gar als Vordenker des Tierschutzes bezeichnet. Tatsächlich gehörte er zu den Mitgründern eines Tierschutzvereins in Frankfurt und setzte sich mit dem Verhältnis von Mensch und Tier auseinander. Tiere seien keine Wesen, die sich der Mensch frei nach seinem Belieben aneignen könne.

Für manche ist das heute immer noch ein revolutionärer Gedanke, denn dank einer ganzen Industrie, die Tiere aufzieht, tötet und verwertet, scheint dem modernen Menschen das Leid der Tiere ferner denn je. Für Schopenhauer wäre dieser Umstand wohl sinnbildlich für das Gegenstück des Mitleids, den Egoismus, der die vorrangige Triebfeder des Menschen ist. Wir täten gut daran, unsere Beziehung zu Tieren zu hinterfragen und auch zu analysieren, ob unser Mitleid für ihr Leid aufrichtig ist oder nicht. Schließlich räumen wir Hunden und Katzen das Privileg ein, mit uns zu leben und von uns umsorgt zu werden, während wir Kühe und Schweine züchten, um sie zu töten und zu essen, obwohl diese Tiere nachweislich die gleiche Leidens- und Denkfähigkeit haben wie unsere Haustiere.

Noch eine überraschende, auf den ersten Blick nicht gleich erkennbare Lehre lässt sich aus Schopenhauers Werk ziehen, genauer gesagt aus seinem eigenen Lebensweg. Obwohl dem Philosophen nie eine Seelenstörung diagnostiziert wurde, hatte er sein Leben lang doch immer wieder mit Rückschlägen und Ablehnung zu kämpfen, was sich in seinen Schriften niederschlug. Er galt nicht nur als schroffer, provozierender Charakter, seine Philosophie ist ebenso dunkel und pessimistisch.

Dieser Pessimismus scheint tief in seiner Persönlichkeitsstruktur verankert. Und doch transformierte er seine Melancholie und seine dunklen Gedanken in philosophische, literarische Werke voller Zynismus und Humor. Selbst Leser Schopenhauers, die seinen Theorien widersprechen, haben in der Regel Spaß an der Lektüre und finden Gefallen an seinen spitzfindigen Beobachtungen. Im Philosophieren und Schreiben scheint Schopenhauer trotz seiner negativen Einstellung einen Weg gefunden zu haben, sich auszudrücken und etwas zu erschaffen. Gerade weil er pessimistisch philosophiert, scheint er sein als sinnlos empfundenes Leben aushalten zu können. Vielleicht fasziniert er die Menschen der Moderne auch deswegen, weil er nicht aufgab und weitermachte, obwohl er den reinen Willen am Leben als Illusion empfand.

VI. NIETZSCHE

Friedrich Nietzsche drückte seine philosophischen Überlegungen vor allem in Form von literarischen Texten und Gedichten aus, was ihm Ruhm als Schriftsteller und Denker gleichermaßen einbrachte. Er gilt als großer Zweifler, der die anerkannten Vorstellungen von Moral, Gott und Mensch infrage stellte. Sein berühmtester Ausspruch bis heute ist: „Gott ist tot". Seine provokanten und außergewöhnlichen Thesen regen nach wie vor zum Nachdenken an.

Kurzbiografie

Am 15. Oktober 1844 wird Friedrich Nietzsche im heutigen Sachsen-Anhalt geboren. Im Alter von zehn Jahren schreibt er bereits Gedichte und kleine Musikstücke und genießt eine sehr gute Schulbildung. In Bonn und Leipzig studiert er Philologie und bereits ein Jahr nach seinem Abschluss 1869 beginnt er seine Tätigkeit als Professor an der Universität Basel.

Nietzsche leidet mit zunehmendem Alter an immer mehr körperlichen Leiden, er wird fast komplett blind. Er muss seine Professur deshalb niederlegen und bekommt in den nächsten Jahren auch psychische Probleme. Er wird zum Außenseiter, meidet Menschen und zieht sich zurück. Bekannt ist er heute unter anderem für seine Theorie des „Übermenschen", beeinflusst durch die Selektionstheorie von Charles Darwin, welche sich die Nationalsozialisten später aneigneten. Nietzsche steigert sich in dieses Ideal des Übermenschen hinein, der doch eigentlich das Gegenteil von ihm ist: stark, gesund, selbstverwirklicht.

Der Dichter schafft es trotz zunehmender Gebrechen, sein Hauptwerk „Also sprach Zarathustra" zu schreiben, in dem er die drei Entwicklungsstufen des Menschen schildert. Die erste Stufe ist dabei die Abhängigkeit, es folgt die erkämpfte Freiheit und schließlich das Zuwenden zu den eigenen Werten. Das Werk wird besonders für Nietzsches Sprachgewandtheit gefeiert, er gilt als kompetenter Essayist und Aphoristiker, erlangt Ruhm aber erst posthum. Im Jahr 1888 fällt der sprachbegabte Philosoph in eine geistige Umnachtung, woraufhin ihn seine Schwester bis zu seinem Tod 1900 pflegt. Nietzsches kontroverse Religionskritik, seine ungewöhnlichen Gedanken über gesellschaftliche Moral und die Entwicklung des Menschen bleiben ebenso im Gedächtnis wie das Bild seines berühmten Schnauzers. Erst nach seinem Tod erlangte er volle Anerkennung für sein Schaffen.

Der Wille zur Macht

Geht es um das glückliche Leben, scheint Nietzsche noch pessimistischer als Schopenhauer. Das Gefühl von Glückseligkeit sei trügerisch, weil es Sorglosigkeit vermittle, es eine ewige Sorglosigkeit aber in der Realität nicht gebe. Das wird Ihnen selbst bekannt sein: Wenn Sie glücklich sind, während Sie mit Freunden eine gute Zeit haben oder etwas anderes tun, das Sie genießen, scheinen alle Sorgen auf einmal sehr fern und klein. „Wieso mache ich mir eigentlich Sorgen, es ist doch alles in Ordnung", denken Sie sich in einem ruhigen Moment. Doch sobald die Freude vorbei ist und Sie sich den Problemen erneut stellen müssen, erscheint die vorherige Sorglosigkeit naiv.

Glück ist Nietzsche nach ohnehin nicht das wahre Ziel des Menschen, er wird in Wahrheit getrieben durch einen Willen zur Macht. Glück sei dann meist das bewusste Erkennen der eigenen Überlegenheit gegenüber anderen Menschen bzw. Lebewesen. Regeln für einen Weg zum Glück könne man nicht aufstellen, weil das individuelle Glück aus dem Individuum nach „unbekannten Gesetzen" komme, weshalb es von außen nur gehemmt, nicht vermehrt werden könne.

Wenn Nietzsche vom Willen zur Macht redet, meint er jedoch mit Macht nicht nur reine Dominanz oder gar Gewalt. Es geht darum, dass jedes Individuum in sich und in seinen Beziehungen zu anderen dynamische Zusammenhänge gegensätzlicher Kräfte hat. Der Mensch nimmt deshalb die Verhältnisse zwischen sich und anderen als ein Netz aus Rangordnungen wahr, in dem sich die unterschiedlichen Mächte immer wieder neu organisieren. Nietzsche zufolge ist das aber nichts inhärent Negatives, sondern im Gegenteil etwas, das es zu fördern gilt. Denn je mehr Spannungen durch diese wechselnden Rangordnungen entstehen, desto eher komme es zu Weiterentwicklung und Produktivität in der Gesellschaft und im Individuum an sich. Nur an Herausforderungen könne man wachsen. Sie führe noch am ehesten zu einem sinnvollen und freudigen Leben: die ständige Überwindung von Hürden. Das sei Lebendigkeit.

Realistische Tugend

Auf diesen Überzeugungen aufbauend, stellte Nietzsche die Forderung, alle bestehenden Werte drastisch umzuwandeln. Er kritisierte Recht, Politik, Religion und Moral, die teilweise lebensfern agierten. Ihre Überzeugungen bauen ihm zufolge auf einer Zweiweltenlehre auf: Die eine Seite zeigt die Welt unserer Erfahrungen in ihrer ganzen Diversität, Vergänglichkeit und Unvollkommenheit. In ständiger Veränderung ist sie ein Geflecht aus wechselnden Mächten, in dem alles Bestehende in Verbindung mit allem anderen steht. Erst durch diese Verkettung erhält alles seinen vorläufigen Sinn und Wert, der sich immer ändern kann.

Die andere Seite zeigt die Welt im Muster von gefestigten und absolut geltenden Ansichten und Standards, im Falle der Moral z. B. die Einteilung in „Gut" und „Böse". Die Urteile, die aufgrund dieses Systems gefällt werden, ignorieren die sich ständig im Wandel befindenden Machtverhältnisse und urteilen über Akteure unabhängig von diesen Verhältnissen. Handlungen gelten dann per se als das eine oder das andere. Solche starren Schwarz-Weiß-Gegensätze lehnt Nietzsche ab. Die Natur und die Geschichte haben immer wieder bewiesen, dass eine moralische Vernunftordnung dieses Schemas realistisch betrachtet unproduktiv ist.

Diese Betrachtungsweise macht Nietzsche bei vielen beliebt. Er lehnt spekulatives Denken als Ganzes ab und präferiert es, Überlegungen praktisch in das Leben einzubeziehen. Sittliche Weltordnungen und Moralregeln seien das Produkt feiger Idealisten, die vor den realen Zuständen der Welt flüchten würden. Deswegen lehnt Nietzsche den Gedanken an einen christlichen Gott und an die Regeln der Kirche auch so rigoros ab. Alles, was die erfahrbare Lebenswelt überschreitet, ist für ihn nicht realistisch und damit wertlos. Echte Lebensverhältnisse lassen sich nicht mit Ideen von Gerechtigkeit und Moral messen, wenn diese utopisch sind.

Eine zentrale Tugend ist bei Nietzsche deshalb die „Redlichkeit". Die harte Wahrheit kann zwar schmerzhaft und hässlich sein, doch gerade deshalb ist es wichtig, die Augen nicht vor ihr zu verschließen und sich keine Utopie auszudenken. Man muss in die menschlichen Abgründe blicken und einsehen, dass das Erkennen von Dingen auch immer eine eigene Interpretation ist, die dem Willen zur Macht entspricht.

Nietzsche heute

Was bleibt heute noch von Nietzsches Lehren? Er ist einer der meistzitierten Philosophen, über den unglaublich viele Missverständnisse herrschen und der es über hundert Jahre nach seinem Tod noch immer schafft, zu spalten. Wir sollten uns von Nietzsches Ideen vor allem merken, dass wir alle allein für unser Handeln verantwortlich sind.

Darauf lässt sich sein berühmter Ausspruch „Gott ist tot" nämlich zurückführen. Eine übermächtige Entität, die uns utopische Moralregeln auferlegt, existiert laut Nietzsche nur in unseren Köpfen, und so ist Gott tot. Es gibt niemanden, der uns etwas vorschreiben kann, aber auch niemanden, dem wir die Schuld geben können.

Ein anderer von Nietzsches vielzitierten Sätzen lautet: „Du sollst der werden, der Du bist!" Er lässt sich auf die Theorien des Übermenschen übertragen. Den Übermensch-Status hat jemand erreicht, der sich selbst verwirklicht und über sich hinauswächst. Er nutzt die Anlagen, die ihm gegeben sind, und trotzt jedem äußeren Widerstand, der in Form von moralischen Normen und Zwängen auftreten kann. Heute gibt es viele Menschen, die von sich behaupten, sie würden sich selbst verwirklichen. Man könnte glatt meinen, wir lebten in einer Welt der Übermenschen. Bei der

Selbstverwirklichung geht es Nietzsche aber weniger darum, viele Länder zu bereisen oder endlich das eigene Geschäft zu eröffnen. Es geht um geistiges und kreatives Potenzial, das nur befreit werden kann, wenn äußere Zwänge überwunden werden. Dieses Potenzial zu erkennen und freizulegen ist ein ganzer Prozess, für den es Willensstärke braucht.

Mehr Zufriedenheit und Glück

Die bisher vorgestellten philosophischen Ansätze für ein tugendhaftes, gutes Leben behandeln immer wieder auch die Themen Zufriedenheit und Glück. Ein glückliches Leben scheint immer auch mit moralisch gutem Handeln und dem Nachdenken darüber zu tun zu haben. In diesem Kapitel stehen Zufriedenheit, Ausgeglichenheit, Freude und Glück noch einmal im Vordergrund.

Glück in der Philosophie

Glück sieht für jeden Menschen anders aus. Manche überkommt die freudige Empfindung allein beim Anblick eines geliebten Menschen, andere finden sie beim Erreichen eines langersehnten Ziels oder wenn sie ihre Grenzen austesten. Doch was bedeutet Glück in der Philosophie? Unterschiedliche Philosophen haben darauf unterschiedliche Antworten.

Grundsätzlich wird aber zwischen zwei Formen von Glück unterschieden. Die erste Form ist das Glück des Zufalls, *Fortuna*, das uns schicksalhaft und plötzlich begegnet und uns erfreut. Die zweite Form, *Felicitas*, ist das erarbeitete Glück, für das wir selbst verantwortlich sind. Die Glücksforschung zählt zu letzterer Form auch die Aktivitäten selbst, die einem zum Glücklichsein verhelfen.

Ein wahrhaft glückliches Leben ist dabei nicht an Dinge wie Schönheit, Beliebtheit oder finanziellen Reichtum gebunden, sondern an sinnhafte Ziele, die der durchschnittliche Mensch in seinem Leben erreichen möchte. Zu diesen Zielen gehört persönliches Wachstum – wir wollen unsere Persönlichkeit ausbilden, eine eigenständige Person werden und uns stets weiterentwickeln, in welchem Bereich auch immer. Das Streben nach mehr ist uns angeboren. Darüber hinaus erstreben wir auch zwischenmenschliche Beziehungen, die aufrichtig und echt sind. Weil wir soziale Wesen sind, sehnen wir uns nach der emotionalen und/oder körperlichen Nähe anderer

Menschen und finden großes Glück im Austausch mit ihnen. Langjährige Freundschaften, die Familie, Beziehungen oder anderweitige Verbindungen machen uns nachweislich gesünder und mental stärker.

Schließlich haben wir noch einen Einsatz für die Gesellschaft in unserem Leben zum Ziel. Uns für die Gesellschaft und ihre Werte einzusetzen, kann eine Quelle großen Glücks sein, da wir das Gefühl haben, etwas zurückzugeben. Diese drei Ziele schließen unsere Bedürfnisse nach Sicherheit, Kompetenz, Zugehörigkeit und Selbstständigkeit ein, die zu nachhaltigem Glück gehören.

Die Philosophie unterscheidet abgesehen davon zwei weitere Formen des Glücks: Hedonismus und Eudaimonie. Hedonismus wird Ihnen wahrscheinlich ein Begriff sein. Dieses Glück beschreibt kleine Momente der Glücksempfindung, einen kurzen sinnlichen Genuss. Die Eudaimonie bezeichnet dagegen kein heftiges, kurzlebiges Glück, sondern eine innere Zufriedenheit, die durch die richtige Lebensführung zustande kommt. Ein moralisch gutes Leben führt zu langanhaltendem Lebensglück. Im Großen und Ganzen betrachtet sind sich die meisten Menschen darin einig, dass das Lebensgefühl „Glück" den kurzen Glücksmomenten des Hedonismus vorzuziehen ist.

Glück in der Antike

Die praktische Philosophie beschäftigt sich seit der Antike mit Glück. Ihre bedeutendsten Vertreter haben Sie bereits kennengelernt. Sokrates plädierte für die Suche nach Erkenntnis und Aufgeschlossenheit, die den Menschen in seiner Suche nach dem glücklichen Leben voranbringt.

Er sah Glück als etwas Objektivierbares, also als etwas Allgemeingültiges, das jeder durch die richtigen Einstellungen und Handlungen erreichen kann. Wenn jemand selbst darauf hinarbeitet, glücklich zu handeln und zu denken, werden ihn andere als glücklich bezeichnen und er selbst wird sich ebenso empfinden. Das ist ein Unterschied zur Moderne: Heute ist das Glück für uns stärker an das Subjekt, also an den einzelnen

Menschen gebunden. Noch so viele Leute können eine Person glücklich nennen, im Endeffekt ist sie es trotzdem nicht, wenn sie sich selbst nicht so empfindet. Das hat vor allem damit zu tun, dass wir, besonders in der westlichen Welt, viel Wert auf Individualismus legen und uns lieber als unabhängig von anderen betrachten.

Bei Sokrates sind Wissen und Erkenntnis das Wichtigste im Leben, glücklich sein kann nur der, der weiß, was das Gute ist und wer danach handelt. Sein Schüler Platon hat ähnliche Ansichten, er bestimmt darüber hinaus die drei Seelenteile Vernunft, Wille und Begehren, die im Gleichgewicht sein müssen, damit sich Glück einstellt. Der Mensch muss sich der höchsten Idee des Guten nähern, indem er ethisch gut handelt und sein Handeln immer wieder hinterfragt. Die Seelenteile können im Alltag immer wieder aneinander reiben. Es kommt zu Blockaden und inneren Konflikten, Dilemmas und Zwängen, die den Geist belasten. Werden die Seelenkräfte aber in Harmonie gebracht, wird der Mensch ausgeglichen und gelassen. Durch diese innerliche Zufriedenheit kommt das Glück.

Auch mit Aristoteles haben wir uns bereits beschäftigt. Ihm zufolge muss Glück sogar gelernt werden. Er sieht im ethisch guten Leben ebenso die Lebensfreude; wie dieses Leben aussieht, muss jeder von klein auf von anderen Menschen und aus eigenen Erfahrungen lernen. Der Geist muss aktiv gepflegt und das Leben so gut wie möglich geordnet werden, damit wir zufrieden und glücklich sind. Das höchste Glück entsteht dann durch Selbstverwirklichung, soziale Verantwortung gegenüber anderen und das Meistern von Herausforderungen, denen wir mit zunehmender Erfahrung immer gelassener entgegenblicken.

Die drei großen Väter der abendländischen Philosophie sind aber nicht die einzigen Denker der Antike, die Theorien der praktischen Philosophie aufstellten. Da wäre z. B. noch Epikur, der sich eher dem Hedonismus als der Eudaimonie zuwandte, also dem Glücksrausch. Seine Schule betrachtete Glück vor allem als Freisein von Unlust. Am wichtigsten ist die Vermeidung von Schmerz, nicht nur von körperlichem, sondern auch von schmerzhaften

Empfindungen wie Wut oder Angst.

Der Schlüssel dazu ist ein möglichst einfaches Leben, das nur die notwendigsten Bedürfnisse abdeckt. Obwohl Epikur das Nachdenken als wertvoller einschätzte als sinnliche Genüsse, sah er deren Erfüllung nicht als grundsätzlich verwerflich an. Das Leben kann nicht mehr gut sein, wenn die Lust am Essen, Trinken oder Lieben nicht genossen wird. Übermäßige Lust kann Epikur zufolge jedoch auch große Unlust mit sich bringen; das kleine, gemäßigte Glück sei daher vorzuziehen.

Neben den sinnlichen Genüssen sind nach Epikur geistige Genüsse zentral – Kunst, Philosophieren, Musik und Gespräche gehören dazu. Sinnliche und geistige Genüsse tragen zur Daseinslust und Freude am Leben bei, weshalb sie zu einem zufriedenen Leben dazugehören. Gleichzeitig sollte sich der Mensch in Demut üben und seine Freuden einfach halten.

Einen etwas anderen Blickwinkel hat der Philosoph Aristippo. In seiner hedonistischen Lehre wird zwischen schlechteren und besseren Gelüsten nicht unterschieden. Für ihn ist das bewusste Genießen von Empfindungen der eigentliche Sinn des Lebens. Diese Vorstellung des Hedonismus entspricht der unserer heutigen Zeit, weshalb wir den Hedonismus im Alltag eher als etwas Negatives betrachten.

Wir denken dabei an Menschen, die komplett egoistisch nur nach den eigenen Empfindungen handeln und allem Schlechten aus dem Weg gehen. Aber Aristippo meinte etwas anderes. Sein Hauptziel beim Genießen war eine Haltung der Wertschätzung. Man sollte sich den Begierden zwar hingeben, sich von ihnen aber nicht beherrschen lassen. Es geht ihm um das volle Auskosten der Genüsse und die Dankbarkeit für diese, nicht um ein wildes Leben im Luxus.

Die Zufriedenheit der Stoiker

Im krassen Gegensatz zu dieser Philosophie des sinnlichen Glücks steht die der Stoiker, die sich ungefähr zur gleichen Zeit wie die des Epikur entwickelte, etwa um 300 vor Christus. Der Stoizismus sieht die Seelenruhe ebenfalls als Basis für ein von Glück erfülltes Leben, das ultimative Ziel sei aber nicht das Glück an sich, sondern die Tugend. Glück sei eben nicht in äußeren Gütern, in der Erfüllung von Sinneswünschen oder in der Befreiung von Schmerz zu finden, sondern im Loslösen von allen Wünschen und materiellen Gütern. Der sinnliche Genuss wird ganz abgelehnt, Einklang mit der Natur und ihrer Ordnung steht an erster Stelle.

Durch die größtmögliche Unabhängigkeit von der Welt und den äußeren Dingen kommt Glückseligkeit zustande; das eigene Glück ist nur von einem selbst abhängig, von nichts anderem. Ein extremes Leben nach dieser Philosophie führte Diogenes von Sinope, selbst Philosoph, der von 412 bis 323 vor Christus lebte.

Er soll all seinen Besitz aufgegeben und in einem leeren Fass gelebt haben, er ignorierte alle gesellschaftlichen Normen und lehnte alles Materielle ab. Ob diese Form der Bedürfnislosigkeit ihn wirklich glücklich gemacht hat, bleibt fraglich. Dennoch lässt sich ein wertvoller Sinn in diesem Aspekt des Stoizismus erkennen. Wer nichts besitzt, kann nicht besessen werden. Das Loslösen von materiellen Dingen und von Vorstellungen darüber, was man alles braucht, um glücklich zu sein, ist unglaublich befreiend.

Weitaus bekannter ist die stoische Philosophie für ihr Ideal der unerschütterlichen Seelenruhe. Seneca bezeichnete dies als „Gleichgültigkeit gegen das Schicksal“, durch die man vollkommene Freiheit erlange. Der Mensch als Individuum soll Macht über sich selbst beweisen und sich auf die Dinge konzentrieren, auf die er Einfluss hat, die er verändern kann. Komplett gelassen sollte er sich angesichts anderer Probleme zeigen: kleine und große Katastrophen des Lebens, nicht planbare Handlungsfolgen und sogar der Tod. Denn all diese Dinge stehen im Prinzip außerhalb der eigenen Macht. „Wieso sich also darum kümmern?“, fragen die Stoiker und schlagen vor, das Schicksal als Grenze des Handelns zu akzeptieren. Die für das glückliche Leben so wichtige Seelenruhe kommt dadurch zustande, dass man die Angriffsfläche für das Schicksal so klein wie möglich macht und die eigenen Ansprüche mäßigt.

Wir können manchmal nicht kontrollieren, was in unserem Leben passiert, aber wir können bestimmen, wie wir darauf reagieren. Es geht also keinesfalls um eine Ist-mir-doch-egal-Haltung, sondern darum, das Leben so zu nehmen, wie es kommt, um das Beste daraus machen zu können. Der ultimative Motivator ist das Bewusstsein des Todes, welches man nutzen sollte, um noch bedachter und aufmerksamer zu leben.

Die Stoiker plädieren außerdem für ein hohes Maß an Selbstrespekt. In unseren Gedanken behandeln wir uns selbst oft schlecht, verfluchen unsere Unfähigkeit in einem Bereich oder denken über vergangene Fehler nach. Wir fühlen uns zu faul, zu schlecht, zu feige. Dem Stoizismus nach ist es wichtig, diese negative Sprache im Kopf umzuwandeln. Als Allererstes brauchen wir Ehrfurcht vor uns selbst, bevor wir diese Ehrfurcht bei anderen erwecken und glücklich werden können. Ebenso einschränkend wie fehlender Respekt vor uns selbst kann die Angst sein. Gerade heute haben wir unglaublich viele Möglichkeiten, wie wir unser Leben gestalten können. Das ist schön, kann aber auch erdrückend sein. Wir spüren dann große Angst davor, etwas zu verpassen.

Das hält uns davon ab, nach den eigentlichen Zielen des Lebens Ausschau zu halten: innere Seelenruhe und Glück. Der Stoiker trauert verschlossenen Türen und anderen Wegen, die er nicht gegangen ist, nicht hinterher. Er konzentriert sich auf das Hier und Jetzt, auf die Möglichkeiten, die er zum jetzigen Zeitpunkt hat und die ihm dabei helfen, in der Zukunft noch mehr Glück und Zufriedenheit zu erlangen. Am Ende unseres Lebens will keiner von uns etwas bereuen und wir treffen bessere Entscheidungen, wenn wir diese besonnen und innerlich ruhig fällen. Die stoische Philosophie ist zudem großer Fan davon, alles Unnötige aus dem Leben zu streichen. Im 21. Jahrhundert lebt der Mensch länger als je zuvor, trotzdem haben wir oft das Gefühl, dass das Leben zu kurz ist für all die Dinge, die wir uns vornehmen. Wir packen unsere Tage voll mit Plänen und vergessen darüber schnell, wie viel Lebenszeit wir eigentlich unnötigen Dingen opfern. Wir hängen entweder in der Vergangenheit fest oder machen uns zu viele Sorgen um die Zukunft – auch das sind unnötige Gedanken, über die wir die Gegenwart vernachlässigen.

Social Media und Netflix helfen beim Entspannen, schnell scrollen wir jedoch stundenlang sinnlos herum, vergleichen uns mit anderen und vergeuden Zeit. Wenn wir uns an den Stoikern ein Vorbild nehmen, konzentrieren wir uns auf die Gegenwart, schenken oberflächlichen Apps keine Aufmerksamkeit und üben uns in Gelassenheit. Wir reden positiv mit uns selbst und suchen Seelenfrieden in tugendhaftem Handeln, um letztlich ein glückliches Leben zu führen.

Glücksmaximierung im Utilitarismus

Die philosophische Strömung des Utilitarismus bewertet menschliche Handlungen nicht anhand ihrer Motivation, wie es Kant tut, sondern nach den Folgen. Optimalerweise wird durch die Handlung das Wohl der Gemeinschaft erhöht, entweder für alle oder zumindest für viele. Der Jurist Jeremy Bentham prägte im 19. Jahrhundert die Maxime „das größtmögliche Glück der größtmöglichen Zahl“.

Wie bei Epikur geht es um die Verringerung von Schmerz und die Erhöhung von positiven Empfindungen, allerdings nicht (nur) für den Einzelnen, sondern für die Gesellschaft im Gesamten. Eine Tat ist umso moralischer, richtiger und besser, je mehr Menschen durch sie glücklich werden. Mit der Quantität des Glücks erhöht sich also quasi die Qualität.

Diese sehr rücksichtsvolle Philosophie hat das Gemeinwohl immer vor Augen. Sie ist nicht nur hedonistisch, da es wieder um die Vermehrung von Glück und die Minimierung von Leid geht, sondern auch universalistisch. Zentral ist nicht das Glück der handelnden Person oder das einer Gruppe oder Kultur, sondern das Glück aller Personen, die von der Handlung in irgendeiner Weise betroffen sind. Das Glück jedes Menschen ist dabei gleich viel wert.

Ein anderer berühmter Vertreter des Utilitarismus, Stuart Mill, sieht in der Bildung die größte Chance, ein solidarisches Weltbild zu entwerfen und die Glücksmaximierung für alle zum Ziel zu machen. Individuelles und gesellschaftliches Glück müsse miteinander verbunden werden. Auch wenn der Utilitarismus oft als idealistisch abgestempelt wird, ist gerade diese Lehre für die heutige Zeit sehr wertvoll. Zwischen dem Glück des Einzelnen und dem der Masse muss nicht unterschieden werden, kein Glück sollte Vorrang haben. Stattdessen sollte im Idealfall individuelles und gesellschaftliches Glück gleichzeitig gefördert werden.

Glück durch Sinn

Ein weiterer interessanter Glücksansatz der Moderne stammt von dem österreichischen Neurologen und Psychiater Viktor Frankl, welcher die Dritte Wiener Schule der Psychotherapie begründete. Seiner Theorie nach strebt der Mensch nicht nach dem Zustand des Glücks an sich, sondern nach dem Grund für das Glücklichsein. Er sehnt sich vorrangig nach einer persönlichen Quelle des Glücks, die ihn nachhaltig mit Freude erfüllt. Ist diese Quelle einmal gefunden, kommt das Glück automatisch.

Frankl schreibt, dass der Mensch nicht vorrangig den Willen zu Lusterfüllung oder Macht hat, sondern einen starken Willen zur Sinnfindung. Für Glück hart zu arbeiten oder es allgemein fest anzustreben, reiche ohne einen Sinn im Leben nicht aus. Glück also nicht als Ziel, sondern als Resultat des von Sinn erfüllten Lebens.

Wie genau sieht so ein Lebenssinn aus? Jeder hat wohl andere Vorstellungen davon, was einem Leben Sinn verleihen kann. Bedeutend ist in jedem Fall, dass sich die Person einer Sache voll hingibt und diese leidenschaftlich verfolgt. Wichtiger als die Meinung des Umfelds, ob etwas sinnvoll ist oder nicht, ist die Meinung der Person selbst. Nur für sie muss die Sache sinnvoll sein, ansonsten entsteht kein echtes Glück.

Ein **Beispiel** dafür wäre der erst seit Kurzem aufgetauchte Beruf des Profigamers. Immer mehr – vor allem junge – Menschen entdecken schon früh ihre Leidenschaft für Videospiele und beginnen, sich eine Karriere damit aufzubauen. Nicht jeder würde diese Tätigkeit als sinnvoll betrachten oder sie gar verstehen. Fakt ist aber, dass Profigamer ihr geliebtes Hobby zum Beruf machen, dadurch Gleichgesinnte kennenlernen und sich selbst herausfordern können. Sie selbst empfinden dies als wichtigen Sinn ihres Lebens und damit als Glück. Ob jemand kompetitiv Videospiele spielt, Freiwilligenarbeit betreibt, sich um einen geliebten Menschen kümmert oder Musik macht – einen Sinn zu finden, trägt extrem zu einem glücklichen Leben bei.

Glück als erfüllte Leichtigkeit

Eine Brücke zwischen Philosophie und Biologie schlägt der Philosoph Franz Josef Wetz bei seinen Gedanken über Glück und die Suche danach. Wenn wir einen Glücksmoment erleben, empfindet unser Gehirn das wie einen Drogenrausch. Und wie bei Drogen machen die Glücksgefühle süchtig, weshalb wir sie immer wieder erleben wollen. Durch den eintretenden Gewöhnungseffekt vermindert sich das Glücksempfinden allerdings. Fakten aus der Neurobiologie beweisen, dass der Mensch anhaltendes Glück nicht wahrnehmen kann. Wir sind zu dauerhaftem Glück also nicht in der Lage.

Wetz plädiert dafür, das Glück vor allem durch Gelassenheit zu finden. Glücksquellen können nach kurzer oder langer Zeit versiegen und die freudigen Empfindungen nehmen dann ebenfalls ab. Dazu kommen unrealistische Vorstellungen davon, wie Glück aussieht und sich anfühlt, und übertriebene Glücksziele. Diese Visionen von Glück sollten hinterfragt und korrigiert werden, damit sich eine erfüllende Leichtigkeit einstellt. Dank Gelassenheit können immer wieder auftauchende Glücksmomente oder ganze Glücksphasen dann viel besser genossen werden.

Welcher dieser philosophischen Ansätze von Glück und Zufriedenheit überzeugt Sie am meisten? Sind es persönliche Beziehungen und ein Lebenssinn, die Sie antreiben? Setzen Sie eher auf eine simple Lebensführung, die kleine Freuden bereithält, oder ziehen Sie den hedonistischen Weg vor? Einen konkreten Plan zum Erreichen der Glückseligkeit hält die praktische Philosophie nicht bereit, dafür diverse spannende Überlegungen und Denkansätze. Sie entscheiden selbst, von welchen Ideen Sie sich inspirieren lassen, um mehr Zufriedenheit und Glück in Ihr Leben zu lassen.

Praktische Anwendung im Alltag

Es gibt viele Wege, wie Sie die philosophischen Ansätze ins tägliche Denken und Handeln überführen können. Das geschieht bereits, wenn Sie sich von einer der Ideen inspiriert fühlen und weiter nach dem jeweiligen Philosophen und seinen Ausführungen recherchieren. Nach und nach werden sich dann bestimmte Glaubenssätze und Überzeugungen festigen, die Ihnen dabei helfen, sicherer zu entscheiden und zufriedener zu werden. Darüber hinaus gibt es einige praktische Techniken, durch die Sie mehr Selbstreflexion in den Alltag bringen können. Für alle praktischen Philosophen ist das nämlich ein wichtiger Schritt, um moralisch und gut zu handeln: das eigene Verhalten und die eigenen Gedanken regelmäßig hinterfragen. Im Folgenden werden einige dieser Praktiken vorgestellt. Mit etwas Ausprobieren und Geduld finden Sie bestimmt mindestens eine, die Sie in Ihren Tag einbauen und nutzen können.

MINIMALISMUS & DIGITAL DETOX

Erinnern Sie sich an die Werte des Stoizismus? Absolute Seelenruhe, Selbstreflexion, dem Schicksal gleichmütig entgegenschauen, sich nicht beirren lassen. Alles, was kommt, wird mit Gelassenheit empfangen und nicht hinterfragt. Um ein modernes stoisches Leben zu führen, müssen Sie aber nicht ganz asketisch leben und wie Diogenes in ein Fass ziehen.

Es sind kleine Dinge, die sich hier und da im Denken und Handeln verändern lassen, um zur stoischen Gelassenheit zu finden. Wenn Sie die Vorstellung einer einfachen Lebensweise faszinierend finden, wie sie neben den Stoikern viele andere praktische Philosophen vorschlagen, um ein glücklicheres Leben zu führen, könnte Sie der Minimalismus interessieren. In der heutigen Zeit zurückgezogen und autark auf einem Bauernhof zu leben, ohne großen Komfort oder Einfluss der modernen Welt, ist kaum möglich. Das einfache Leben im 21. Jahrhundert lässt sich eher im Minimalismus finden, der seit einigen Jahren ein echter Trend ist.

Der Minimalismus war ursprünglich eine Kunstbewegung aus den 1960er Jahren und beschreibt heute zusätzlich eine Lebensführung, in der sich bewusst auf das Nötigste, also auf das Minimum beschränkt wird. Die Lebensphilosophie „Minimalismus" regt dazu an, sich mit dem eigenen Kaufverhalten auseinanderzusetzen und zu erkennen, dass vieles, was man besitzt, in Wahrheit Ballast ist. Sicher könnten Sie selbst sofort mindestens zehn Dinge in Ihrer Wohnung benennen, die Sie besitzen, aber nie benutzen. Das kann ein vor Jahren gekauftes Kleid sein, das Sie nicht einmal getragen haben, ein vielversprechendes Küchengerät, das jetzt nur noch hinten im Schrank steht, oder ein altes Möbelstück, das schon längst nicht mehr zur Einrichtung passt und eigentlich nur im Weg ist.

Materielle Fülle hat, den praktischen Philosophen nach, nichts mit einer Fülle an Lebensfreude zu tun. Das Streben nach Besitz und eine immer schnelllebigere, abwechslungsreichere, ereignisreichere Welt wecken in uns unterbewusst den Wunsch, uns gegen diese Strömung zu stellen. Ein einfaches Leben kann so viel bereichernder sein, und so üben sich Minimalisten darin, sich auf das Wesentliche zu konzentrieren. Es gibt viele Formen des Minimalismus. Der erste Schritt muss nicht direkt sein, die halbe Wohnung auszuräumen. Manche Menschen setzen sich zum Ziel, weniger als hundert Dinge zu besitzen, was nicht für jeden möglich ist.

Wichtiger ist die innere Haltung. Brauche ich diesen Gegenstand wirklich? Wann habe ich ihn das letzte Mal benutzt? Handelt es sich vielleicht eher um etwas, das ich bei Gelegenheit einfach ausleihen kann? Wenn etwas keinen praktischen Nutzen oder sentimentalen Wert hat, wie ein Foto oder ein anderes Erinnerungsstück, brauchen Sie es nicht und können es theoretisch spenden, verkaufen oder wegwerfen. Eine ausgiebige Ausmist-Aktion wirkt befreiend, schafft Platz und entlastet.

Ist das Ausmisten geschafft, gilt es, das eigene Kaufverhalten zu analysieren. Minimalisten denken über Investitionen lange nach und hinterfragen, ob sie etwas wirklich brauchen oder wollen. Dadurch verringert sich die Gefahr, einen Fehlkauf zu tätigen und sich später zu ärgern. Bewusstes Einkaufen ist außerdem gut für den Geldbeutel und führt schnell zur Realisation, dass man doch mit weniger auskommt, als man gedacht hätte. Auf lange Sicht können Sie sich als minimalistisch lebender Mensch viel stärker auf die Dinge konzentrieren, die nachhaltig glücklicher machen als jegliche Form von Besitz. Das sind z. B. Reisen, neue Erfahrungen, intensivere zwischenmenschliche Beziehungen, mehr Selbstbestimmtheit und Selbstverwirklichung. Sie verschwenden Ihre Zeit nicht mit Aufräumen oder mit Gedanken an den nächsten Kauf, sondern verspüren Lust auf das echte Leben.

Sie leben nachhaltiger, bewusster und wertschätzender. Dinge, die kaputtgehen, werden nicht einfach ersetzt, sondern repariert. Muss doch etwas neu angeschafft werden, wird der Wert mehr auf Qualität und Nachhaltigkeit gelegt als auf Quantität und Image. Damit tun Sie dem Planeten einen Gefallen und verhalten sich ethisch gut.

Durch dieses Verhalten ändert sich auch Ihr Denken. Im positiven Sinne werden Sie stoischer – was unnütz ist und was nicht geändert werden kann, wird ignoriert. Was Freude bringt und wahren Wert hat, bekommt Aufmerksamkeit. Der minimalistische, einfache Lebensstil greift automatisch auf fast alle Lebensbereiche über und macht vieles simpler und schöner. Nicht nur das Kaufverhalten und die eigenen Denkweisen werden auf den Prüfstand gestellt. Wenn Sie weniger kaufen und weniger Geld ausgeben, müssen Sie dann noch so viel arbeiten?

Wer weniger braucht, hat mehr Zeit für andere Dinge als Arbeiten. Und wie sieht es mit Freundschaften aus? Sind Ihnen zahlreiche oberflächliche Bekanntschaften so viel wert oder würden Sie sich nicht lieber auf weniger, dafür wertvollere Beziehungen konzentrieren? Gibt es womöglich eine Freundschaft in Ihrem Leben, die Ihnen eher eine Belastung als eine Bereicherung ist?

Minimalismus gibt es sogar im digitalen Raum. Den Desktop einmal auszumisten, unnötige Dateien zu löschen oder nervige Newsletter-Abonnements abzumelden kann sehr befreiend sein und führt zu mehr Übersichtlichkeit. Versuchen Sie einmal, Social Media als Stoiker zu benutzen: Seien Sie sich genau bewusst, welchen Accounts Sie folgen und warum.

Ist etwas nicht inspirierend oder interessant oder weckt negative Gefühle (z. B. Neid, Selbstkritik), deabonnieren Sie den Account. Häufig folgen wir auf Social Media Menschen nur, weil wir sie von früher kennen oder einmal interessant fanden; heute finden wir an ihren Postings keinen Gefallen mehr, fällen aber weiterhin nicht die bewusste Entscheidung, ihnen zu entfolgen. Trauen Sie sich! Im Nachhinein werden Sie nicht einmal wirklich registrieren, dass Ihnen die Postings der Person nicht mehr angezeigt werden. Aus den Augen, aus dem Sinn. Wie ein echter Stoiker entfernen Sie einfach alles, was unnütz ist, und leben digital minimalistisch.

In Sachen Likes und Kommentare ist eine stoische Haltung ebenfalls hilfreich. Die Anzahl an Likes und Kommentaren, die ein eigener Beitrag bekommt, können Sie nicht selbst bestimmen oder vorhersehen. Deshalb nehmen Sie alle digitalen Reaktionen hin und machen sich keinen Kopf darüber, wieso etwas nicht so gut ankam. Stoiker würden Social Media sinnvoll nutzen und nicht einfach, um die Zeit totzuschlagen und sich abzulenken. Gibt es Accounts, die spannende Inhalte vermitteln, die Sie interessieren? Halten Sie über Social-Media-Plattformen mit Menschen Kontakt, die Ihnen wichtig sind? Knüpfen Sie neue Kontakte mit Menschen, die Ihren Horizont erweitern und von denen Sie etwas lernen können? Vergleichen Sie sich nicht mit anderen, sondern finden Sie Gefallen an den Postings, die Sie verfolgen, dann nutzen Sie Social Media sinnvoll.

Oder wie wäre es gleich mit ein wenig „Digital Detox“? Dabei verzichtet man für einen längeren Zeitraum komplett auf Social Media und versucht, eine Smartphone-Pause einzulegen. Weil wir heutzutage immer erreichbar sind und viele Nachrichten täglich auf uns einprasseln, erfährt das Unterbewusstsein regelmäßig eine Reizüberflutung und wir sind gestresst.

Dazu kommt noch FoMO, die „Fear of Missing Out“: die Angst, etwas zu verpassen. FoMO ist mittlerweile ein großflächiges Gesellschaftsphänomen, das beweist, wie abhängig wir uns von technischen Geräten machen.

Digitale Enthaltsamkeit, wenn auch nur für ein paar Stunden, bietet Raum für neue Ideen und Inspiration und kann auch eine Zeit der Reflexion sein. Einfach mal nicht an die letzte Mail oder den letzten Kommentar denken, sondern sich auf die Gegenwart und die innere Ruhe konzentrieren. Am effektivsten sind gut geplante Smartphone-freie Zeiten: Sie können einen regelmäßigen Zeitraum festlegen, in dem Sie sich selbst Handyverbot auferlegen. Etwa: Kein Handy / kein Laptop / kein Tablet bis 9:00 Uhr morgens, oder: keine Bildschirme mehr ab 22:00 Uhr abends. Oder Sie planen eine Smartphone-freie Zeit über ein paar Tage hinweg, geben Ihrem Umfeld vorher Bescheid und überlegen sich genau, was Sie in der Zeit tun möchten.

GRENZEN & PRIORITÄTEN SETZEN

Um die eigene mentale Gesundheit zu schützen und die Kraft aufbringen zu können, regelmäßig Selbstreflexion zu betreiben, sind Grenzen wichtig. Ob in einer Beziehung, im Job oder in Alltagssituationen – häufiger als nötig haben wir Angst vor Ablehnung oder davor, jemand anderen zu enttäuschen, weshalb wir zu notorischen Jasagern werden. Das ist sehr ungesund, denn wenn unsere Grenzen nicht gewahrt werden, kann das schlimme Folgen haben.

Doch was heißt in diesem Fall „Grenze“? Grenzen zu setzen bedeutet, zu bestimmen, welches Verhalten von anderen wir akzeptieren und was wir als inakzeptabel empfinden. Ein Mensch mit gesunden Grenzen weiß, was er bereit ist, für andere zu tun und was nicht, er kann klar kommunizieren, dass er nicht ausgenutzt werden möchte, und hat kein Problem damit, jemanden oder etwas loszulassen, wenn ihm ein Mensch oder eine Situation nichts bringt oder gar schadet. Er kennt seine eigenen Werte und kann „Nein“ sagen, wenn es ihm zu viel wird.

Jeder Mensch hat unterschiedliche Grenzen. Während einer Person eine Umarmung zum Abschied zu viel ist, fühlt sich eine andere gekränkt, wenn man sie distanziert verabschiedet. Von beiden Optionen ist keine per se gut oder schlecht, sie sind neutral und gehören zum jeweiligen Individuum. Unsere Grenzen zu äußern, fällt uns manchmal schwer, weil wir niemanden vor den Kopf stoßen und negative Gefühle provozieren wollen. Praktische Philosophen wie Sokrates lehren, dass man es durchaus in Kauf nehmen muss, mit der eigenen Meinung anzuecken.

Das bedeutet auch, sich selbst zu behaupten und klar zu kommunizieren, wenn man seine Grenzen überschritten sieht. Selbst wenn es negative Reaktionen gibt, sollten wir diese aushalten können, zu unserem eigenen mentalen Schutz.

Es gibt unterschiedliche Arten von Grenzen, von denen viele mit gemeinsamen Werten zu tun haben, die in unserer Gesellschaft herrschen. Dazu gehören das Recht auf eigene Meinung, das Recht auf eigene Gefühle in bestimmten Situationen, das Recht auf physische Grenzen und damit das Recht auf eigenen Raum, soziale Grenzen wie eigene Hobbys und Freunde oder das Recht auf eigenen Glauben und Spiritualität. Es mag Ihnen leichtfallen, intellektuelle Grenzen festzulegen; Sie wissen dann, welche Gedanken und Meinungen Ihnen wichtig sind, und vertreten diese. Emotionale Grenzen festzulegen, etwa in einer Beziehung zu einem Familienmitglied oder zu einem Freund, kann für Sie herausfordernder sein. Das hängt zusammen mit internalisierten Glaubenssätzen, die wir gelernt haben, etwa „Ich sollte so viel helfen wie möglich" oder „Ich sollte niemandem zur Last fallen".

Während diese Werte im Grunde gut sind, können sie manchmal zu Konflikten führen. Kein Mensch ist immer in der Lage, jemand anderem zu helfen, vor allem dann nicht, wenn er selbst hilfebedürftig ist. Das zu realisieren und zu kommunizieren, ist wichtig, um die eigenen Grenzen zu wahren. Wenn Sie auf der Arbeit keine Kapazitäten haben und überlastet sind, verbieten Sie es sich, „Ja" zu sagen, wenn Sie gefragt werden, ob Sie noch etwas Zusätzliches übernehmen können. Tun Sie dies nicht, laufen Sie Gefahr, einen Burn-out zu bekommen und zusätzlich in der Freizeit nicht mehr zur Ruhe zu kommen.

Um die innere Seelenruhe zu garantieren, fragen Sie sich in regelmäßigen Abständen Folgendes: Was sind meine Kapazitäten, wann sind sie überstiegen? Welche Belastungen kann ich akzeptieren, welche nicht? Was passiert, wenn ich „Nein" sage? Warum sage ich zu noch mehr Arbeit eigentlich „Ja"? Möchte ich nur höflich sein oder habe ich Angst vor sozialem Druck oder einem schlechten Arbeitsklima? Erinnern Sie sich daran, dass es nicht schwach, sondern stark ist, die eigenen Bedürfnisse und Grenzen mitzuteilen. Langfristig verbessert sich das Arbeitsklima sogar und Sie bekommen mehr Anerkennung, wenn Sie freundlich, aber bestimmt klarmachen, wo die Grenzen Ihres Pensums liegen.

Grenzen helfen dabei, ein selbstbestimmtes und ausgeglichenes Leben zu führen, in dem keine Zeit mit unerwünschten Anforderungen von anderen Leuten verschwendet wird. Hatten Sie schon einmal das Gefühl, in eine Beziehung zu einem Menschen sehr viel Energie zu stecken, ohne dass die gleiche Energie zurückkommt?

Das ist nicht schön und führt zu Frustration und Kraftlosigkeit. Hier ist erneut Selbstreflexion gefragt. Nur, wenn Sie die eigenen Bedürfnisse und Wünsche kennen, können Sie feststellen, dass Sie sich in einer energieraubenden Situation befinden. Dann gilt es, Grenzen aufzuzeigen und sich auf sich selbst zu konzentrieren, um zur Ausgeglichenheit zurückzufinden. Das Ganze ist ein Lernprozess, der sich nicht immer nach Wachstum anfühlt. Doch am Ende werden Sie ein glücklicheres Leben führen, wenn Sie gelernt haben, „Nein" zu sagen.

Grenzen sollten Sie sich auch selbst setzen, indem Sie lernen, zu priorisieren. Eigene Prioritäten sind ein fantastisches Instrument der Selbstachtung; sie lehren uns, Achtung vor uns selbst zu haben und unseren Wert als Menschen anzuerkennen. Wir identifizieren Prioritäten, um die Orientierung nicht zu verlieren und Ziele zu erreichen. Schließlich hat der Tag nur

24 Stunden und unsere Zeit auf der Erde ist begrenzt. Was ist Ihnen im Leben wirklich wichtig und was möchten Sie vor allem anderen priorisieren?

Das ist eine große Frage, auf die Sie nicht schnell eine Antwort finden müssen. Sie können sich Stück für Stück vorarbeiten, indem Sie sich einzelne Lebensbereiche anschauen. Wie wichtig sind Ihnen Freiheit und Selbstverwirklichung? Welchen Stellenwert nehmen Familie und Freunde ein? Wie sieht es mit Fitness und Gesundheit aus, wie mit Finanzen und Karriere? Was möchten Sie in diesen Aspekten erreichen, worauf wären Sie gerne stolz?

Hinterfragen Sie Ihre Prioritäten mindestens alle paar Monate. Veränderung ist die einzige Konstante im Leben und so, wie Sie sich selbst ändern, verändern sich auch Ihre Ziele und Wünsche. Um den Fokus zu justieren, bieten sich der eigene Geburtstag oder ein Jahreswechsel an. Der neue Abschnitt kann dann eine neue Zeit und einen neuen Weg hin zu neuen Zielen einläuten.

Priorisieren heißt auch, zu lernen, weniger wichtige Dinge zu identifizieren und hintenanzustellen. Das ist manchmal ein Prozess, manchmal ein harter Schnitt. Neben Ihrer allgemeinen Lebensrichtung sollten Sie Prioritäten im Alltag setzen, um besser entscheiden zu können, was wirklich wichtig ist. So werden Sie relevante Aufgaben besser koordinieren und haben selbst an besonders stressigen Tagen nicht das Gefühl, dass Ihnen alles über den Kopf wächst.

Schon die antiken Philosophen widmeten sich dem Thema „Zeiteinteilung“ und betonten immer wieder, welche Rolle diese für einen ausgeglichenen Alltag spielt. Am Anfang jeder Woche sollten Sie einen Überblick über alle Aufgaben bekommen und diese am besten aufschreiben, damit nichts vergessen geht. Die Aufgaben der individuellen Tage priorisieren Sie dann bestenfalls nach dem Eisenhower-Prinzip und arbeiten sie dann ab. Beim Eisenhower-Prinzip werden Aufgaben eingeteilt in „dringend und wichtig“, „dringend, aber nicht wichtig“, „nicht dringend, aber wichtig“ und „nicht dringend und unwichtig“. Häufig kommt es vor, dass wir uns sofort auf viele kleine Aufgaben stürzen und zwar einiges erledigen, das wirklich Wichtige jedoch aufschieben. Durch diese Einteilung ist von Anfang an klar, was hohe und was niedrige Priorität hat, und das Fokussieren fällt leichter.

NIEDERSCHREIBEN DER GEDANKEN

Die eigenen Gedanken tagebuchartig niederzuschreiben, ist eine philosophische, therapeutische Tätigkeit, die bei der Selbstreflexion extrem hilft. Seneca, römischer Philosoph und Dramatiker, hielt seine Tage jeden Abend fest und untersuchte seinen Tag, um „nichts vor sich selbst zu verstecken". Die praktische Philosophie legt großen Wert auf die regelmäßige Überprüfung des eigenen Handelns, um sich selbst und seine Beziehung zur Welt besser zu verstehen und Erkenntnis zu erlangen.

Persönliche Entwicklung und innere Gelassenheit kommen auf diese Weise viel besser zustande. Schon in den 1980er Jahren fanden Forscher heraus, dass das Niederschreiben von Gefühlen und Erlebnissen das Immunsystem stärkt und dabei hilft, schlechte Stimmung und sogar Traumata besser zu verarbeiten. Menschen, die Tagebuch schreiben, bekommen durch die Tätigkeit außerdem eine höhere Resilienz, können also mit Krisensituationen besser umgehen und lassen mehr an sich abprallen.

Die Praxis des Gedankenaufschreibens ist heute wieder sehr beliebt und eher unter dem Begriff „Journaling" bekannt. Dabei nimmt man sich in regelmäßigen Abständen, am besten jeden Abend, ein paar Minuten Zeit, um über den Tag und seine Gedanken zu reflektieren. Regeln oder Vorgaben, wie man „richtig" seine Gedanken festhält, gibt es nicht. Den meisten hilft es, wenn sie gar nicht groß nachdenken und drauflosschreiben. Was sich über den Tag angestaut hat, fließt dann oft automatisch aufs Papier.

Sie können niederschreiben, was den Tag über passiert ist und wie Sie sich in den verschiedenen Situationen gefühlt haben, Sie können Erfolge und Misserfolge festhalten und darüber grübeln, wie eine Beziehung oder die Arbeit gerade läuft. Dabei sind Sie so detailreich, wie es Ihnen passt. Sind Sie auf der Arbeit oft gelangweilt? Würden Sie eher sagen, dass Sie allgemein gelangweilt sind, oder, dass Sie nur einen gewissen Part langweilig finden? Handelt es sich um ein neues Gefühl oder geht das unterschwellig schon eine Weile so? Gibt es etwas, das Sie dagegen tun können, jemanden, mit dem Sie sich über das Problem austauschen können?

Alltägliche Erlebnisse und Gedanken festzuhalten hat gleich mehrere Vorteile. Eindrücke und Erfahrungen festigen sich eher im Gedächtnis, wenn sie einmal ausformuliert und festgehalten sind. Viele Sachen werden einem erst klar, manche Zusammenhänge ergeben sich, wenn man sie schwarz auf weiß vor sich hat. Gefühle werden geordnet und Emotionen, die vorher kaum in Worte zu fassen waren, erschließen sich. Besonders in verwirrenden, stressigen Zeiten hilft das Schreiben, Selbsterkenntnis und Fokus wiederzuerlangen. Darüber hinaus können Sie anhand Ihrer Aufzeichnungen Ihre Entwicklung nachvollziehen. In schlechten Phasen erinnern Sie positive Aufzeichnungen schöner Momente daran, dass nach schlechten Zeiten immer wieder gute kommen. Zufriedenheit stellt sich ein, wenn Sie beim Durchblättern merken, dass Sie an sich ein gutes Leben haben, das Sie wertschätzen sollten.

Apropos Wertschätzung: Eine tolle Praktik, die Sie ins Schreiben integrieren können, sind Dankbarkeitslisten. Wenn Sie jeden Tag nur drei Dinge aufschreiben, für die Sie dankbar sind, werden Sie den Alltag positiver annehmen und wertschätzen. Noch intensiver wird die Empfindung, wenn Sie zu jedem Punkt auf der Liste noch Gründe hinzufügen, wieso genau Sie die Dinge so wertschätzen.

Durch das Aufschreiben der Gedanken entwickeln sich zusätzlich Ihre rhetorischen Fähigkeiten. Aristoteles, Entwickler diverser Regeln für die Rhetorik und das produktive Diskutieren, legte großen Wert auf die Art, wie wir uns ausdrücken. Klar, gut verständlich und gut strukturiert sollte es sein. Diesen Anspruch können Sie sich für Ihre Aufzeichnungen setzen, müssen es aber nicht. Vielleicht hilft es Ihnen, einen Gedanken erst schemenhaft festzuhalten und ihn dann später richtig auszuformulieren. So oder so befinden Sie sich auf einer permanenten Wortsuche und verbessern auf eine kreative Weise Ihre Fähigkeit, bedacht zu formulieren.

Wenn einfache Beschreibungen nicht mehr ausreichen, suchen Sie nach Metaphern und sprachlichen Bildern, die das, was Sie meinen, besser zum Ausdruck bringen. Philosophen nutzen dieses rhetorische Mittel seit jeher, um ihre Ideen verständlich zu machen. Seien Sie so kreativ wie möglich; vielleicht haben Sie sich heute irgendwie blau gefühlt oder wie damals in der Schule, als Sie eine schlechte Note bekommen haben. Auf diesem Weg abstrahieren Sie Ihre Gefühlslage und können sie womöglich besser verstehen. Neben der Schreibfähigkeit werden dabei auch die Kommunikationsfähigkeit und der Wortschatz gefördert.

Den meisten Gedanken-Aufschreibern hilft die Praktik auch dabei, die innere Seelenruhe zu bewahren. Immer wieder gibt es alltägliche Situationen, in denen man eigentlich ruhig bleiben und logisch reagieren will, sich aber dennoch ärgert und das innere Gleichgewicht verliert. Beim Schreiben können Sie Ihren ganzen Frust ablassen und hinterfragen, wieso Sie die Sekunde zwischen Reiz und Reaktion nicht nutzen konnten, um sich für die besonnenere Handlungsoption zu entscheiden.

Eine beliebte Art des Gedankenaufschreibens sind die sogenannten Morgenseiten. Dabei handelt es sich um eine sehr freie Form des Brainstormings. Direkt nach dem Aufstehen nehmen Sie sich Zettel und Stift und schreiben in Ruhe alles auf, was Ihnen gerade durch den Kopf geht. Das kann der Traum von letzter Nacht sein, etwas, worauf Sie sich an dem Tag freuen, oder Dinge, auf die Sie eher keine Lust haben. Auf diese Weise „leeren" Sie den Kopf und starten den Tag bereits mit etwas Reflexion. Dadurch fühlen Sie sich ausgeglichener und sind bereit, dem Tag die Chance zu geben, wundervoll zu werden.

Fällt es Ihnen schwer, einfach drauflloszuschreiben? Sind Sie keine Person, die seitenlang alle Gedanken aufs Papier loslassen kann? Dann hilft es Ihnen, durch Fragen ins Reflektieren und Schreiben zu kommen. Sie müssen nicht jeden Tag schriftlich festhalten, sondern können auch einfach immer dann Ihre Gedanken niederschreiben, wenn Ihnen danach ist. Dann geht es hauptsächlich um geistige Arbeit und nicht um das Reflektieren bestimmter Ereignisse, die gerade erst geschehen sind. Hierbei können Sie sich nach Prinzipien der praktischen Philosophie richten und je nachdem, wie viel Zeit und Lust Sie haben, Selbstreflexion betreiben.

Hier einige Beispiele für Fragen, die Sie sich am Ende des Tages stellen können:

- Wie bin ich heute mit anderen umgegangen? – Waren Ihre Handlungen moralisch, oder konnten Sie jemandem helfen? Hatten Sie einen positiven Einfluss auf andere? Wie sind Sie mit Konflikten und angespannten Situationen umgegangen?

- Was habe ich heute gelernt? – Haben Sie sich in irgendeiner Weise weitergebildet? Haben Sie etwas gelesen oder recherchiert? Haben Sie sich mental verbessert oder etwas über sich selbst gelernt? Wie haben Sie gelernt und was könnten Sie mit diesen Erkenntnissen anfangen?

- Worauf habe ich mich heute konzentriert? – Sind Sie unnötigen Situationen aus dem Weg gegangen und haben Sie sich auf das Wesentliche konzentriert? Haben Sie die richtigen Sachen priorisiert? Haben Sie mit etwas Zeit verschwendet, die Sie für etwas Sinnvolleres hätten nutzen können?

Durch die Auseinandersetzung mit diesen Fragen erinnern Sie sich automatisch an eigene Ziele im alltäglichen Handeln, die Sie sich gesetzt haben. Sie können anhand Ihrer Aufzeichnungen erkennen, ob Sie auf dem richtigen Weg sind oder eine Flaute haben.

ACHTSAMKEITSÜBUNGEN & SLOW LIVING

Die Begriffe „Achtsamkei“ und „achtsames Leben“ fallen in der praktischen Philosophie immer wieder. Aber was bedeutet es überhaupt, achtsam zu sein? Sind wir das nicht automatisch, wenn wir über die Straße laufen oder Auto fahren? Nicht ganz – Achtsamkeit ist ein wenig anders als bloße Aufmerksamkeit. Kurz gesagt bedeutet Achtsamkeit, körperlich und mental im Hier und Jetzt zu sein, sich keine Gedanken über die Vergangenheit oder die Zukunft zu machen, sondern auf den Moment zu achten, ohne ihn zu bewerten.

Neben Wissenschaftlern sind auch viele praktische Philosophen davon überzeugt, dass sich durch Achtsamkeit das eigene Wohlbefinden steigert. Wir nehmen die Welt im achtsamen Zustand voll wahr und ignorieren die Gedanken, wodurch wir eine tiefe Verbindung mit unserer Umwelt spüren können.

Durch den Abstand zum eigenen Innenleben, also zu Gefühlen und Gedanken, die normalerweise Vorrang im Leben haben, entsteht ein großes Vertrauen darin, dass am Ende doch alles gut laufen wird. Solche Momente haben viele Menschen leider nicht häufig. Kein Wunder, wir fühlen uns alle wie Multitasker. Während dem Essen schauen wir ein Video, anstatt uns auf das Gericht vor uns zu konzentrieren, während dem Fernsehen haben wir noch zusätzlich das Smartphone in der Hand und beim Einkaufen telefonieren wir gleichzeitig. Den Moment können wir dann gar nicht wahrnehmen, wir sind viel zu beschäftigt.

Doch Achtsamkeit lässt sich lernen, z. B. durch Übungen wie Meditieren. Achtsamkeit wohnt allen Meditationen inne und stammt sogar aus dem Buddhismus. Beim Meditieren konzentriert man sich hauptsächlich auf den eigenen Atem, Gedanken werden zugelassen, sie befinden sich aber in einem ständigen Strom. Das heißt, dass man sich an keinem plötzlich auftauchenden Gedanken aufhält, sondern immer wieder zurück zur Atmung findet. Nützlich sind auch „Body Scans“, bei denen man sich systematisch beobachtet und Empfindungen an verschiedenen Körperstellen wahrnimmt, ohne sie zu bewerten. Es gibt viele hilfreiche Bücher, Videos oder Blogs, in denen Meditation gelehrt wird, sogar Podcasts, anhand derer man eine angeleitete Meditation durchführen kann. Gerade für Anfänger ist das ideal, denn Meditation ernsthaft in den Alltag zu integrieren, ist schwerer, als es auf den ersten Blick scheint. Konzentration und Willenskraft sind gefragt.

Wer sich mit langen Meditationen überfordert fühlt, findet andere Wege, mehr Achtsamkeit und damit mehr Ruhe und Ausgeglichenheit in den Alltag zu bringen. Schon ein paar achtsame Momente im Tagesverlauf haben einen erheblichen Einfluss auf mentale Gesundheit und Lebenseinstellung. Konzentrieren Sie sich unter der Dusche mal nur auf das wohltuende Wasser auf der Haut, anstatt über noch anstehende Aufgaben nachzudenken.

Fokussieren Sie sich beim Essen nur auf den Geschmack der Lebensmittel. Nehmen Sie in der Bahn die Kopfhörer aus den Ohren und lauschen Sie den Umgebungsgeräuschen. Betrachten Sie bei einem Spaziergang die Bewegungen der Blätter im Wind. Am leichtesten lässt sich Achtsamkeit praktizieren, wenn man aus bekannten Routinen ausbricht und im Alltag etwas aus einer anderen Perspektive betrachtet.

Hören Sie doch einmal ein Musikgenre, das Sie sonst nie hören, nehmen Sie einen neuen Weg zur Arbeit oder versuchen Sie gar, mit der linken statt mit der rechten Hand zu essen. Die alten Philosophen wussten bereits, dass sich Erkenntnis hinter allem verstecken kann und dass eine achtsame Betrachtung der Welt zu mehr Weisheit führt.

Abgesehen vom Minimalismus gibt es noch einen weiteren Trend, der viele Ansätze der praktischen Philosophie mit dem modernen Leben verbindet: das sogenannte Slow Living. Dabei geht es hauptsächlich um Achtsamkeit, also um das Wahrnehmen der kleinen Momente. Für den Weg des „langsamen Lebens“ suchen sich viele Leute Hobbys, die innerliche Ruhe fördern und entspannen. Beispiele sind Gartenarbeit, Zeichnen oder

Handarbeiten, aber auch Tagebuch schreiben. Geeignet sind alle Tätigkeiten, bei denen man am besten beide Hände benutzen muss und gar nicht die Möglichkeit hat, sich anderen Dingen zu widmen. Eine gute Gelegenheit, über sich selbst und die eigenen Handlungen und Gedanken etwas zu philosophieren.

GEFÜHLE ANNEHMEN

Es gibt wohl tausende Bücher darüber, wie man positives Denken für mehr Zufriedenheit erlernen kann. Man könnte fast das Gefühl bekommen, es gelte nur, diese eine Fähigkeit zu erlernen, und schon lösen sich alle Probleme in nichts auf – weil sie nicht mehr als Problem wahrgenommen werden. Ganz so leicht ist es natürlich nicht. Ständiger Optimismus ist oberflächlich und den Ernst des Lebens zu verdrängen, macht manches nur noch schlimmer. So inspirierend viele Sprüche, Bücher und Anleitungsvideos zum positiven Denken sind, sie können falsch angewandt schnell zu „Toxic Positivity" führen. Dabei wird die innere Einstellung so ausgerichtet, dass jeder negative Gedanke, jede unangenehme Reaktion und jedes unwohle Gefühl mit etwas Positivem verdrängt wird. Sie haben eine Jobabsage bekommen? Na ja, wenigstens ist das Wetter heute gut. Eine Freundin hat kurz vor der Verabredung abgesagt? Na, wenigstens sind Sie morgen noch mit jemand anderem verabredet.

So gut der Ratschlag gemeint ist, alles Negative in etwas Positives zu verwandeln, er kann schnell Schaden anrichten. Studien zufolge werden Emotionen noch verstärkt, wenn sie unterdrückt werden. Wird Optimismus obsessiv betrieben, leben wir unauthentisch und wie in einer Scheinwelt. Eine Zeit lang mag es uns guttun, alles Schlechte zu ignorieren und mit Schönem zu überdecken, auf lange Zeit werden wir aber noch unglücklicher, weil sich alles aufstaut. In den meisten Situationen ist es besser, negative Gefühle zu registrieren und nicht zu ignorieren. Wenn wir akzeptieren, dass wir fühlende Menschen sind, die zu sehr unterschiedlichen Emotionen fähig sind, werden wir mit diesen Empfindungen besser umgehen können.

Dadurch entsteht die Möglichkeit, dem Ursprung des Gefühls nachzugehen und es zu verstehen. Was stört mich wirklich? Woher kommt mein Unwohlsein?

Wenn Sie diese Fragen aufrichtig beantworten und sich mit Ihren Emotionen auseinandersetzen, können Sie konstruktiv an der Problemlösung arbeiten. Dafür müssen Sie ehrlich mit sich sein. Es ist einfach, zu sagen, „Ich werde einfach nicht darüber nachdenken, dass es mir eigentlich schlecht geht, ich werde mich ablenken und dann geht es mir besser." Viel schwieriger, langfristig aber besser ist es, zu sagen: „Ich fühle mich schlecht und akzeptiere meine negative Stimmung. Ich werde meinen Gefühlen selbst auf den Grund gehen, damit ich schneller wieder glücklich werde."

Erinnern Sie sich in solchen Momenten an die stoische Seelenruhe und gehen Sie der Reihe nach vor: Nehmen Sie das schlechte Gefühl wahr, identifizieren Sie das Problem und fragen Sie sich dann, ob Sie das Problem lösen können. Falls ja: Tun Sie, was in Ihrer Macht steht. Falls nein: Akzeptieren Sie, dass Sie unmittelbar nichts an der Sache ändern können, und nehmen Sie sie an. Sie müssen sie dann nicht automatisch gut finden, lediglich registrieren und nicht wegschieben.

Wer seine Gefühle nicht annimmt, blockiert sogar seine Beziehungen zu anderen Menschen. Würden Sie sich jemandem anvertrauen, der scheinbar jedes Problem meistert und immer nur gut drauf ist? Würden Sie mit der Person ehrlich über Ihre eigenen Gefühle und Herausforderungen reden? Wahrscheinlich nicht. Wenn sich jemand in negative Gefühle gar nicht reindenken will, kann er sich nicht in jemand anderen hineinversetzen, der sich schlecht fühlt, und deswegen keine emotionale Unterstützung bieten. Beziehungen und Freundschaften werden schnell oberflächlich, wenn eine Partei nicht mehr ehrlich über Gefühle redet und sich einsam fühlt, während der anderen immer unwohler dabei ist, authentisch zu sein. Außerdem braucht es negative Gefühle und schlechte Zeiten, um gute Zeiten wirklich wertschätzen zu können. In guten Zeiten denken wir nicht an schlechte Zeiten, umgekehrt fällt es uns in schlechten Zeiten schwer, uns daran zu erinnern, dass Emotionen temporär sind und es garantiert wieder schöne Momente geben wird. Es ist ein Balanceakt, den derzeitigen Gefühlszustand zu akzeptieren und gleichzeitig zu realisieren, dass er nicht ewig anhalten wird. Gefühle bei sich selbst anzunehmen, fällt Ihnen womöglich leichter als bei anderen. Wenn sich uns ein Freund anvertraut und von einem negativen Erlebnis erzählt, ist unser erster Impuls häufig, die Situation positiver darzustellen. Beobachten Sie sich einmal selbst in Gesprächen. Wie oft benutzen Sie Floskeln wie „Aber immerhin ...“, „Sieh es doch mal positiv“ oder „Das Gute ist aber, ...“? Das ist gut gemeint, wir wollen unserem Gegenüber ein besseres Gefühl geben und es wieder auf einen positiven Pfad bringen.

Doch dieses Schönreden spielt die Gefühle des anderen unterbewusst herunter. Wenn es jemandem schlecht geht, macht Toxic Positivity das Ganze noch schmerzhafter. Statt gut gemeinter Ratschläge ist ein offenes Ohr angebracht. Seien Sie ein echter Zuhörer und schenken Sie dem anderen volle Aufmerksamkeit, geben Sie zu erkennen, dass Sie die Gefühle des anderen annehmen und nachvollziehen können. Lassen Sie ruhig Stille oder eine traurige Stimmung zu. Menschen erinnern sich selten daran, was andere ihnen gesagt haben, aber immer daran, welche Gefühle sie ihnen gegeben haben. Seien Sie also nicht nur den eigenen negativen Gefühlen, sondern auch denen anderer offen und helfen Sie Ihrem Gegenüber dabei, die eigenen Emotionen voll auszuleben.

POSITIVES MINDSET & MANIFESTATION

Negative Gefühle anzunehmen, bedeutet nicht, keine positive Einstellung zu haben und nie optimistisch zu sein. Im Gegenteil: Es ist einfacher, ein positives Mindset beizubehalten, wenn schlechte Stimmungen und Situationen angenommen und selbstreflexiv überwunden werden. Eine grundsätzlich heitere Lebensphilosophie ist nachweislich gut für das Immunsystem, hält also Geist und Körper gleichermaßen fit.

Als „Mindset" bezeichnet man die Ansammlung an Überzeugungen und Glaubenssätzen, die man verinnerlicht hat. Diese Glaubenssätze beeinflussen maßgeblich, wie man sich selbst, andere Menschen und eigene Interaktionen mit der Umwelt wahrnimmt. Ein positives Mindset ist so wichtig, weil es bestimmt, wie wir die Welt sehen. Ob wir an eine Ideenwelt glauben, wie Platon sie lehrte, oder an einen Willen, der hinter allem steckt – wir sind unsere Gedanken. Die Stoiker haben das auch erkannt. Wenn wir uns auf Negatives konzentrieren, werden wir Negatives anziehen und vergraben uns in uns selbst. Nehmen wir hingegen alles an, wie es kommt, und konzentrieren uns auf unsere Möglichkeiten und auf Positives, werden wir Positives anziehen. Hierbei spricht man auch vom Gesetz der Anziehung.

Ein kleines **Beispiel**, um zu demonstrieren, **wie das Gesetz der Anziehung funktioniert**: Bis zu Ihrem 30. Lebensjahr haben Sie nie daran gedacht, Kinder zu bekommen. Sie haben sich einfach auf andere Dinge konzentriert, Ihre Karriere verfolgt oder waren sich mit Ihrem Partner oder Ihrer Partnerin einig, dass Sie noch warten würden. Jetzt ist die Zeit der Babyplanung angebrochen. Nach langen Gesprächen und dem Austausch mit Freunden und Familie sind Sie sich nun sicher, dass Sie sich ein Kind wünschen. Und auf einmal geschieht es, Sie sehen nur noch Babys. Mütter mit Kinderwägen, Väter auf dem Spielplatz, ein Kind vor Ihnen an der Kasse, eine Werbung für Babynahrung. Was ist hier passiert, denken Sie sich, gab es schon immer so viele Babys um mich herum? Der Grund, wieso Sie in dieser Situation auf einmal überall Kinder sehen, ist, dass Sie Ihre Gedanken auf Kinder ausgerichtet haben. Sie wünschen sich ein Kind und nehmen Kinder in Ihrer Umgebung deshalb auf einmal viel stärker wahr. Ihre Gedanken kreieren Ihre Realität – das ist das Gesetz der Anziehung, das Sie sich für ein positives Mindset zunutze machen können.

Dass Gedanken zu Dingen werden, ist das Basisprinzip des Manifestierens. Das Manifestieren ist eine praktisch-philosophische Tätigkeit, die in letzter Zeit immer mehr Beliebtheit erlangt. Dabei werden die Gedanken bewusst auf das ausgerichtet, was man erreichen möchte, wie im Beispiel mit den Babys. Manifestieren kann durch Meditation geschehen, viele schwören auch auf Visualisierung. Dabei stellt man sich das gewünschte Ziel sehr detailreich vor, etwa den Moment, in dem man eine Gehaltserhöhung bekommt. Man konzentriert sich mehrere Minuten sehr stark auf dieses Ziel, schreibt es vielleicht auch noch auf. Das ist selbstredend keine Garantie dafür, dass am nächsten Tag Ihr Chef um die Ecke kommt und Ihnen eine Gehaltserhöhung gibt.

Trotz Manifestation muss man für die eigenen Ziele arbeiten. Das fällt aber leichter, wenn durch regelmäßiges Manifestieren das Gewünschte in einem gefestigt wird und man intrinsisch motiviert ist. Im Grunde verhält es sich hier wie mit dem Sonnengleichnis von Platon – der Blick für die Dinge schärft sich, wenn wir Helles betrachten, und wird stumpf, wenn wir uns der Finsternis zuwenden. Auf die gleiche Weise erlangen wir Erkenntnis und Scharfsinn, wenn wir uns positiven Zielen zuwenden, anstatt uns auf Schlechtes zu konzentrieren.

Mit einem klaren Geist funktioniert Manifestation am besten. Negative Dinge, über die Sie unnötig lange nachgrübeln und die Ihnen schlechte Laune machen, müssen aus dem Kopf geklärt werden. Dann können Sie sich eine neue Identität vorstellen, die Ihren Wünschen entspricht. Sie nehmen geistig eine offene Haltung ein, die Sie dazu bringt, jede neue Chance bereitwillig anzunehmen und offen für Gelegenheiten zu sein. Auf diese Weise festigt sich eine ausgeglichene innere Lebenseinstellung, die Sie dabei unterstützt, Herausforderungen zu meistern und auf das wirklich Wichtige zu fokussieren. Probieren Sie es einmal aus!

Bonus: Anleitung zur Introspektion

Im Verlauf dieses Buches haben Sie einiges über praktische Philosophie gelernt – über die wichtigsten Lehren der großen Philosophen, über Philosophie im Alltag und über die Anwendung praktisch-philosophischer Grundsätze im eigenen Leben. In diesem Bonusteil wird es nur um Sie und um Ihre eigenen Vorstellungen und Ziele gehen. Mithilfe dieser Anleitung zur Introspektion werden Sie sich selbst und Ihre Gedankenwelt besser kennenlernen, um die Lehren praktischer Philosophie dann in Ihr Leben integrieren zu können. Wie Sokrates bereits feststellte: Selbsterkenntnis ist die Bedingung für das glückliche Leben.

WAS BEDEUTET INTROSPEKTION?

Introspektion und Philosophie sind eng miteinander verknüpft. Denker wie Platon, den Sie bereits kennengelernt haben, plädierten dafür, die eigenen Gedanken mit Geduld zu hinterfragen und dann zu deuten. Genau das ist die Essenz der Introspektion, die auch „Selbstbeobachtung" genannt wird und als psychologischer Fachbegriff gilt. Sie führt, wie die Mäeutik des Sokrates, zu wahrer Erkenntnis. Die Introspektion kann als mentaler Prozess bezeichnet werden, während dessen ein Mensch in sich geht und seine Erfahrungen analysiert. Durch das eigene Bewusstsein beobachtet er sein Inneres also selbst und lernt sich auf neue Weise kennen. Dank unseres Verstandes sind wir zu dieser Reflexion fähig und können gewisse Zustände untersuchen oder uns ihrer bewusst werden.

Die Methode der Selbstbeobachtung ist schwieriger, als es zunächst scheint, denn sich selbst als Individuum objektiv zu beobachten, erfordert einiges an Distanz und Rationalität. Man kann sich selbst nur nach eigenen Kriterien und der eigenen Vorstellung seiner Realität entsprechend untersuchen, weshalb die Introspektion immer ein eher subjektiver Prozess ist. Zudem besetzen Sie während der Selbstdurchleuchtung eine Doppelposition, da Sie selbst der Gegenstand der Analyse und gleichzeitig der analysierende Beobachter sind.

Die Introspektion ist also durchaus ein komplexer Prozess, für den es etwas Übung und Geduld braucht. Gute Ergebnisse werden nur erreicht, wenn Sie wirklich ehrlich mit sich selbst sind, Ihre derzeitigen Überzeugungen und Einstellungen akzeptieren und sich nicht selbst täuschen. Ihre Motivation sollte ebenso aufrichtig sein. Sie sollten nicht für Selbstoptimierung und Produktivitätssteigerung reflektieren, sondern die Introspektion sollte auf Sinnhaftigkeit ausgerichtet sein und zu Ihrer psychischen Gesundheit beitragen.

WAS BEWIRKT INTROSPEKTION?

Durch die Selbstbeobachtung können Sie zu Erkenntnissen gelangen, die Ihnen vorher nie in den Sinn gekommen sind. Es wird Ihnen auf Dauer leichter fallen, die eigenen Emotionen und Gedanken zu verstehen und einzuordnen. In vielen Situationen kann man sich fragen: Wieso habe ich das gesagt? Wieso habe ich so gehandelt und nicht anders? Wieso fühle ich mich nach dieser Entscheidung schlecht, wenn ich doch eigentlich erleichtert sein sollte? Tue ich wirklich das, was ich will und wovon ich überzeugt bin? Wer sich eine gute Introspektion antrainiert hat, wird diese Fragen selbstbewusst beantworten und Antworten finden können. Es geht nicht (nur) darum, mit sich selbst hart ins Gericht zu gehen. Ehrlichkeit ist wichtig, doch genauso Nachsicht mit sich selbst und viel Verständnis.

Wir fällen die besten Entscheidungen, wenn wir seelisch ausgeglichen und mit unseren Überzeugungen und unserem Handeln im Reinen sind. Introspektion trägt dazu bei, sich selbst zu respektieren und zu lieben, aber auch dazu, sich weiterzuentwickeln.

Wenn Sie oft das Gefühl haben, in einem moralischen Dilemma zu stecken, einfach nicht vorankommen zu können oder mit den eigenen Entscheidungen nie zufrieden zu sein, können Sie bei der Selbstbeobachtung den Fokus ganz auf sich legen und besser feststellen, was sich ändern muss, damit Sie ausgeglichener und sicherer werden.

Sie müssen lernen, mit negativen Erkenntnissen umzugehen und sich einzugestehen, wenn Sie in der Vergangenheit Fehler gemacht haben oder sich Ihre Einstellung drastisch geändert hat. Positive Erkenntnisse bestätigen Sie in Ihren Überzeugungen und Ihren Stärken, was das Selbstbewusstsein fördert und zu mehr innerlicher Ruhe und Kraft führt.

Bei der Introspektion blenden Sie äußerliche Faktoren aus und schenken nur den eigenen Gedanken Aufmerksamkeit. In vielerlei Hinsicht hat die Selbstbeobachtung Parallelen zur Meditation. Doch während bei der Meditation Gedanken hauptsächlich im Fluss sind und kommen und gehen, ohne dass Sie sich an diesen aufhalten, gehen Sie bei der Introspektion in die Tiefe. Sie fragen, woher der Gedanke kommt, was er bedeutet und ob er hilfreich oder nutzlos ist. Heutzutage ist es sehr einfach, sich nicht mit den eigenen Überzeugungen und dem eigenen Unterbewusstsein auseinanderzusetzen, weil es überall Ablenkungen gibt.

Netflix, ein Podcast, Spannendes im Fernsehen, ein Videocall mit einer Freundin oder Musik – all diese Dinge helfen dabei, den Kopf abzuschalten und sich nicht auf Arbeit und Sorgen zu konzentrieren. Aber ist der Punkt erreicht, an dem Sie nicht einmal mehr Stille ertragen und sich ständig mit irgendetwas ablenken, sollten Sie hinterfragen, wieso Sie ständig so rastlos sind und womöglich unterschwellig Probleme und schwierige Entscheidungen unterdrücken. Auch hierbei ist Selbstbeobachtung von Nutzen. Wer einmal in sich blickt und alle Gedanken und Wünsche zulässt, wird sich danach besser fühlen. Das ist nicht immer leicht, aber auf jeden Fall wertvoll.

VERLAUF

Wie sollte die Introspektion nun aussehen? Da wir in einer schnelllebigen und unübersichtlichen Welt leben, nutzt es Ihnen am meisten, wenn Sie ein wenig Selbstbeobachtung in jeden Tag bringen. Wenn es nötig ist, nehmen Sie sich einen ganzen Abend oder eine Stunde am Morgen und reflektieren in Ruhe über Ihre eigene Empfindung oder Ihre derzeitige Stellung im Leben. Oder nutzen Sie ein paar freie Minuten während des Tages, um innezuhalten und sich auf sich selbst zu konzentrieren.

Setzen Sie vor allem auf Selbstbeobachtung, wenn Sie eine Entscheidung treffen müssen und sich unsicher fühlen. Anstatt übereilt zu handeln und die Sache nur hinter sich zu bringen, sollten Sie kurz anhalten und in sich hineinfühlen. Finden Sie heraus, wieso Ihnen die Entscheidung vielleicht Schwierigkeiten bereitet oder wieso Sie glauben, sie so schnell treffen zu können. Sind Sie wirklich überzeugt und haben alle Optionen abgewägt oder vertrauen Sie blind auf Ihr Bauchgefühl und verpassen die Chance, Ihren Verstand zu nutzen und an die Zukunft zu denken?

Selbstreflexion braucht immer Ruhe und wird am besten in Rituale eingebunden. Idealerweise befinden Sie sich immer zur gleichen Zeit am gleichen Ort, machen Entspannungsmusik oder Kerzen an – das alles kann dabei helfen, sich mental, emotional und sogar körperlich auf die Selbstreflexion einzustimmen. Bis sich eine Gewohnheit gefestigt hat, dauert es Forschern zufolge ungefähr 21 Tage. Versuchen Sie also, die perfekte Routine für sich zu finden und diese dann wirklich zur Gewohnheit werden zu lassen.

Sie können während der Selbstreflexion Ihre Erkenntnisse aufschreiben, sie mündlich ausformulieren oder einfach still für sich meditieren. Dabei sollten Sie sich selbst wohlwollend betrachten, wie eine alte Freundin oder eine nette Lehrerin. Sich selbst negativ wahrzunehmen und schlechter hinzustellen, ist kein guter Ausgangspunkt für die Reflexion. Versuchen Sie, neutral und gutmütig zu starten.

Diese Fragen können Sie sich stellen:

Handlungen überprüfen

✓ Habe ich moralisch gehandelt?

✓ Womit bin ich zufrieden?

✓ Was kann ich an meiner Situation verbessern?

✓ Woran kann ich eine Verbesserung feststellen?

✓ Wann habe ich das letzte Mal einen positiven Einfluss auf jemand anderen gehabt?

✓ Habe ich gerecht gehandelt?

✓ Habe ich mich heute weitergebildet?

✓ Hatten meine Handlungen heute Wert und Zweck?

✓ Habe ich die richtigen Dinge priorisiert?

✓ War ich heute achtsam?

Ziele setzen

✓ Habe ich meine Ziele erreicht?

✓ Habe ich nach meinem besten Wissen und Gewissen gehandelt?

✓ Was sind meine Werte?

✓ Was bedeutet Erfolg für mich?

✓ Wovon will ich mehr, warum?

✓ Wovon will ich weniger, warum?

✓ Wonach strebe ich und warum?

✓ Was fehlt mir im Moment?

✓ Nutze ich meine Zeit gut genug?

✓ Verfolge ich meine Leidenschaften ernsthaft genug?

✓ Wenn ich in fünf Jahren auf mein Leben zurückschaue, woran möchte ich mein persönliches Glück festmachen?

✓ Wo sehe ich mich in fünf Jahren, was habe ich erreicht?

Situation bewusst wahrnehmen

✓ Was ist genau passiert?

✓ Was empfinde ich gerade?

✓ Was hat diese Emotion hervorgerufen?

✓ Was an der Situation weckt in mir den Wunsch, etwas zu verändern?

✓ Kann ich an der Situation, realistisch betrachtet, etwas ändern?

✓ Welche Chancen und Lehren könnte ich aus der Situation ziehen?

Sich selbst bewusst wahrnehmen

✓ Welche Art von Person bin ich?

✓ Was macht mich aus?

✓ Was macht mich glücklich?

✓ Was macht mich traurig?

✓ Wovor habe ich Angst?

✓ Bin ich Pessimist oder Optimist?

✓ Wie gehe ich mit Schwierigkeiten um?

✓ Nehme ich genug Herausforderungen an?

✓ Denke ich eher rational oder eher emotional?

✓ Wie kümmere ich mich um meine Ressourcen?

✓ Was kann ich gut?

✓ Wie viel Zeit stecke ich in meine persönliche Entwicklung?

✓ Welche Charaktereigenschaften machen mich aus?

✓ An was möchte ich bei mir arbeiten?

✓ Was wäre ich bereit, aufzugeben, um mehr Zeit zu haben?

✓ Gebe ich Zweifeln zu schnell nach?

Bedenken Sie: Selbstreflexion ist ein Prozess, der Zeit und Muße braucht. Sie muss aktiv und regelmäßig betrieben werden, um ihr volles Potenzial zu entfalten. Außerdem kann Selbstreflexion sehr schmerzhaft sein; Weiterentwicklung und Wachstum gehen meist immer auch mit negativen Empfindungen einher. Wir müssen uns Fehler und Schwächen eingestehen. Doch wie Platon schon erkannte, ist Schmerz im Moment der Erkenntnis von Bedeutung, denn nur dann kann man sich von der Identifikation mit ihm lösen und sich weiterentwickeln. Fühlen Sie sich also nicht entmutigt, wenn Sie sich nach einer Selbstreflexion einmal unwohl oder traurig fühlen. Akzeptieren Sie die Gefühle, gehen Sie ihnen auf den Grund, aber ohne Druck und mit viel Verständnis und Respekt für sich selbst. So werden Sie garantiert gestärkt aus der Situation herausgehen und haben eine weitere wichtige Erfahrung gemacht.

Quellenverzeichnis

- Philosophie allgemein, https://de.wikipedia.org/wiki/Philosophie
- Erkenntnistheorie, https://www.philosophie.ch/beitraege/themenbereiche/theoretische-philosophie/erkenntnistheorie
- Metaphysik, https://www.deutschlandfunk.de/mehr-als-nur-ein-aergernis-ueber-den-nutzen-der-metaphysik.1184.de.html?dram:article_id=469573
- Metaphysik, https://www.philosophie.ch/beitraege/themenbereiche/theoretische-philosophie/metaphysik
- Philosophische Anthropologie, https://de.wikipedia.org/wiki/Philosophische_Anthropologie
- Medizinethik, https://de.wikipedia.org/wiki/Medizinethik
- Angewandte Ethik, https://de.wikipedia.org/wiki/Angewandte_Ethik#Individual-_und_Sozialethik
- Rechtsphilosophie, https://de.wikipedia.org/wiki/Rechtsphilosophie
- Rechtsphilosophie, https://www.philosophie.ch/beitraege/themenbereiche/praktische-philosophie/rechtsphilosophie
- Ethik im Alltag, https://www.paradisi.de/kultur/philosophie/ethik/
- Sprachphilosophie, https://www.brgdomath.com/philosophie/erkenntnistheorie-tk10/sprachphilosophie-allgemeines/
- Politische Philosophie, https://www.philosophie.ch/artikel/was-ist-politische-philosophie
- Entscheidungen treffen, https://www.gesundheit.de/medizin/psychologie/psychologische-fragen/das-unterbewusstsein-wie-beeinflusst-es-unsere-entscheidungen

• Moralischer Kompass, https://www.l-iz.de/bildung/buecher/2020/08/Moralischer-Fortschritt-in-dunklen-Zeiten-Warum-jeder-Mensch-einen-Kompass-fuer-das-Gute-und-das-Boese-hat-343161

• Warum alte Denkansätze heute noch wertvoll sind, https://www.psychologie-heute.de/leben/artikel-detailansicht/38952-lebenskunst-was-wir-von-den-alten-philosophen-fuer-unseren-alltag-lernen-koennen.html

• Was uns die Philosophie nach klassischer Art bringt, http://www.neueakropolis.de/philo-ecke/philosophie-wissen/was-uns-die-philosophie-nach-klassischer-art-bringt.php

• Sokrates‘ Biografie, https://whoswho.de/bio/sokrates.html

• Sokrates‘ Lehren, https://gedankenwelt.de/5-grossartige-lehren-aus-dem-leben-von-sokrates/

• Sokrates‘ Lehren, https://www.focus.de/wissen/mensch/philosophie/philosophie/sokrates-wer-weiss-was-richtig-ist-wird-auch-das-richtige-tun_id_2039162.html

• Platons Biografie, https://platon-heute.de/platons-leben-1.html

• Platons Lehren, https://www.focus.de/wissen/mensch/philosophie/philosophie/vielleicht-ist-das-was-wir-leben-nennen-ein-traum-und-das-was-wir-traum-nennen-das-leben-platon_id_2038922.html

• Platons Lehren, https://platon-heute.de/die-gleichnisse-1.html

• Platons Lehren, https://www.anderegg-web.ch/phil/platon.htm

• Platon heute, https://platon-heute.de

• Aristoteles‘ Biografie, https://whoswho.de/bio/aristoteles.html

• Aristoteles‘ Logik, https://www.focus.de/wissen/mensch/philosophie/philosophie/das-ganze-ist-mehr-als-die-summe-seiner-teile-aristoteles_id_2039399.html

• Tugendethik, https://ethik-heute.org/tugendethik-oder-das-goldmarieprinzip/

• Aristoteles' Politik, https://www.geschichte-abitur.de/staatstheorien-der-aufklaerung/aristoteles-politik

• Kants Menschenbild, https://www.helpster.de/kant-menschenbild-so-er-laeutern-sie-die-vier-lebensfragen_83144

• Kants kategorischer Imperativ, https://dajolens.de/blog/kategorischer-imperativ

• Kants Mündigkeit, https://www.faz.net/aktuell/politik/inland/kants-auf-klaerung-heutzutage-14398112.html

• Schopenhauers Biografie, https://whoswho.de/bio/arthur-schopen-hauer.html

• Schopenhauers Willensphilosophie, https://www.welt.de/kultur/litera-rischewelt/article9705161/Arthur-Schopenhauer-war-ein-Darwinist-vor-Darwin.html

• Schopenhauers Lehre, https://www.die-inkognito-philosophin.de/sprue-che-depressionen/#schopenhauer

• Schopenhauers Mitleidsethik, https://de.wikipedia.org/wiki/Mit-leid#Schopenhauer

• Schopenhauers Tierethik, https://rp-online.de/kultur/der-aktuelle-scho-penhauer_aid-12645261

• Nietzsches Biografie, https://whoswho.de/bio/friedrich-nietzsche.html

• Nietzsches Wille zur Macht, https://www.praefaktisch.de/nietz-sche/wille-zur-macht-wahrheit-und-moral-grosse-und-aktuelle-themen-der-philosophie-nietzsches/

• Nietzsche heute, https://www.tagblatt.ch/kultur/friedrich-nietzsche-du-sollst-werden-der-du-bist-ld.1160276

• Mehr Zufriedenheit und Glück, https://www.die-inkognito-philosophin.de/blog/innere-zufriedenheit-glueck

- Utilitarismus, https://de.wikipedia.org/wiki/Utilitarismus#Grundprinzipien

- Utilitarismus, https://ethik-heute.org/ueber-die-messbarkeit-des-gluecks/

- Minimalismus, https://www.humanistisch.net/2981/minimalismus-die-philosophie-vom-guten-einfachen-leben/

- Prioritäten setzen, https://utopia.de/ratgeber/prioritaeten-setzen-so-entscheidest-du-was-in-deinem-leben-wichtig-ist/

- Digital Detox, https://www.tk.de/techniker/magazin/digitale-gesundheit/rund-ums-smartphone/digital-detox-tipps-2055434?tkcm=ab

- Tagebuch führen, https://www.schreiben.net/artikel/tagebuch-schreiben-2683/

- Slow Living, https://www.teekanne.de/de-de/story/slow-living/

- Journaling, https://www.businessinsider.com/a-philosophy-expert-explains-how-journaling-will-solve-your-problems-2018-1

- Selbstreflexion, https://www.die-inkognito-philosophin.de/blog/selbstreflexion

- Selbstreflexion, https://ichi.pro/de/5-stoische-fragen-die-sie-sich-als-minimalist-taglich-stellen-sollten-138833745850710

- Achtsamkeit, https://www.planet-wissen.de/gesellschaft/psychologie/achtsamkeit/index.html

Wir danken Ihnen für Ihr Interesse und Ihr Vertrauen. Als Dankeschön dafür, haben wir eine besondere Überraschung. Wir haben ein **exklusives Workbook zur Anwendung der Metaphysik**, nur für Sie. Und dieses erhalten Sie vollkommen kostenlos. Das klingt wunderbar? Dann warten Sie nicht lange und holen Sie sich Ihr Gratis-Geschenk.

Hier geht es zu Ihrem Gratis-Geschenk:

https://forms.gle/HNjQHkAvpo8gt5xy7

1. **Öffnen Sie die Kamera-App auf Ihrem Smartphone und richten Sie die Kamera auf den QR-Code.**
2. **Klicken Sie auf den Link, der Ihnen angezeigt wird und schon werden Sie zur Website weitergeleitet.**

Impressum

Herausgeber: Pegoa Global Media GmbH / Am Sandtorkai 27 / 20457 Hamburg
Kontakt: kontakt@pegoamedia.de
Coverbild: Shutterstock

Haftungsausschluss:
Die Nutzung dieses Buches und die Umsetzung der enthaltenen Informationen, Anleitungen und Strategien erfolgt auf eigenes Risiko. Der Autor kann für etwaige Schäden jeglicher Art aus keinem Rechtsgrund eine Haftung übernehmen. Haftungsansprüche gegen den Autor für Schäden materieller oder ideeller Art, die durch die Nutzung oder Nichtnutzung der Informationen bzw. durch die Nutzung fehlerhafter und/oder unvollständiger Informationen verursacht wurden, sind grundsätzlich ausgeschlossen. Rechts- und Schadenersatzansprüche sind daher ausgeschlossen. Dieses Werk wurde sorgfältig erarbeitet und niedergeschrieben. Der Autor übernimmt jedoch keinerlei Gewähr für die Aktualität, Vollständigkeit und Qualität der Informationen. Druckfehler und Falschinformationen können nicht vollständig ausgeschlossen werden. Es kann keine juristische Verantwortung sowie Haftung in irgendeiner Form für fehlerhafte Angaben vom Autor übernommen werden. Die bereitgestellten Analysen, Vorschläge, Ideen, Meinungen, Kommentare und Texte sind ausschließlich zur Information bestimmt und können ein individuelles Beratungsgespräch nicht ersetzen. Alle Informationen dieses Buches entsprechen dem Kenntnisstand zum Zeitpunkt des Verfassens dieses Buches. Eine Haftung für mittelbare und unmittelbare Folgen aus den Informationen dieses Buches ist somit ausgeschlossen.
Informieren Sie sich weitläufig aus unterschiedlichen Quellen und bedenken Sie, dass am Ende nur Sie für die Entscheidungen verantwortlich sind.

Haftung für externe Links:
Unser Angebot enthält Links zu externen Websites Dritter, auf deren Inhalte wir keinen Einfluss haben. Deshalb können wir für diese fremden Inhalte auch keine Gewähr übernehmen. Für die Inhalte der verlinkten Seiten ist stets der jeweilige Anbieter oder Betreiber der Seiten verantwortlich. Die verlinkten Seiten wurden zum Zeitpunkt der Verlinkung auf mögliche Rechtsverstöße überprüft. Rechtswidrige Inhalte waren zum Zeit-punkt der Verlinkung nicht erkennbar.